시돈
시리아
다메섹
(다마스쿠스)
사렙다
(사르밧)
페
니
키
아
바알갓
(바알헤르몬)
헤르몬산
헤들론
카리타나강
두로
가이사랴빌립보
(파니아스)
단
벧아낫
카다사
게데스
훌라호수
악십
엑딥파
압돈
기스칼라
메롬
하솔
메론산
가울라니티스
바산(고원지대)
드라고닛
프톨레마이오스
악고
고라신
가버나움
바타네아
라파나
나베
갈릴리
게네사렛
벳새다 율리아스
아벡
요타파타
옷바다
가나
막달라
타리키아이
갈릴리 바다
거르게사
(거라사)
가룬나임
악고 평원
가울라나
골란
아스다롯
아소키스
한나톤
루마
아르벨라
디베랴
히포스
인타오키아
가말라
디움
카나타
그낫
세포리스
갈멜산
나사렛
센나브리스
필로테리아
아르묵강
아빌라
보스라
기손강
다볼
다볼산
도라
돌
나인
가다라
이
스
르
엘
평
원
게바
므깃도
이스르엘
아그리피나
아르봇
카피톨리아스
사론
아르벨라
벧아벨
가이사랴
샤
론
평
야
다아낙
스키토폴리스
벧산
펠라
나르바타
이블르암
길보아산
데가볼리
살렘
애논
미스바
(갈르앗)
사마리아
길르앗
소고
요
단
강
디르사
거라사
세바스테
사마리아
에발산
암마투스
수가
그리심산
세겜
네아폴리스
아폴로니아
압복강
아크라베타
알렉산드리움
사르단
답부아
실로
안디바드리
아벡
가아스산
파셀리스
아리마대
라마다임소빔
에브라임산지
욥바
가도라(그돌)
아켈라이스
고프나
아디다
룻다(로드)
에브라임
오브라
이소라
야셀
암몬
필라델피아
랍바
모디인
깃다임
벧엘
베레아
티루스
벧호론
미스바
마크마스
믹마스
여리고
암니아
얍느엘
가자라
게셀
아빌라
엠마오
기브온
기브아
베다니
(벧아바라)
리바아스
벧하란
벧라마타
모리아산
갈람산
벳바게
악카론
에그론
딤나
예루살렘
베다니
에스부스
에스본
쿰란
느보산
아소도
아스돗
벧세메스
가드
유대
베들레헴
벧바알므온
메드바
베셀
헤로디움
아스글론
랍나(리블라)
그일라
드고아
칼리로에
마리사
마레사
벧술
염 해
(사해)
마케루스
라기스
안테돈
(아그리피아스)
가사
아도라
헤브론
엔게디
디본(디몬)
그데못광야
십
십광야
아르논강
브솔강
그랄
마온
마온광야
브솔
마사다
아랏
라피아
호르마
아레오폴리스 아르
브엘세바
말라타
길모압
(길하레셋)
이두매
(에돔)
엘루사
나바테아
네게브
소금골짜기
(싯딤골짜기)
소알
세렛
세렛강
브엘라해로이
호르산
바란광야
성경 2.0 지도 기호
산
도시(불확실한 위치)
도시
데카폴리스 10개 도시 연합
데카폴리스 포함에 논란이 있는 도시
주요 도시, 지명
- 바다, 강, 호수 : 파란색 글씨
- 고대 근동 국가, 지역 : 보라색 글씨
- 평야, 산지 골짜기 : 녹색 글씨
지
중
해

성경 2.0 지도 기호
산
도시(불확실한 위치)
도시
주요 도시, 지명
교회(요한계시록 7교회)
- 바다, 강, 호수 : 파란색 글씨
- 고대 근동 국가, 지역 : 보라색 글씨
- 고원, 산맥, 광야 : 녹색 글씨
- 현대 지명 : 빨간색 글씨
흑 해
지 중 해
에게해
티레니아해
아 드 리 아 해
홍 해
로마
시실리아
마게도니아
데살로니가
빌립보
고린도
아덴(아테네)
이스탄불(비잔티움)
아 시 아
에베소
서머나
버가모
두아디라
사데
빌라델비아
라오디게아
골로새
안디옥
갈라디아
갑바도기아
루가오니아
앙카라
<터키>
<그리스>
<이탈리아>
구레네
베레니게
<리비아>
알렉산드리아
라암셋(람세스)
고센
온(카이로)
애굽
<이집트>
하부 이집트
상부 이집트
누 비 아
나 일 강
시내 반도
미디안
에돔(세일)
모압
암몬
길르앗
<요르단>
<이스라엘>
예루살렘
가사
헤브론
브엘세바
가이사랴
두로
시돈
다메섹
다마스커스
<시리아>
하맛
아람
아모리
안디옥
실루기아
갈그미스
하란(밧단아람)
앗시리아
니느웨(모술)
아수르
메소포타미아
유 프 라 테 스 강
티그리스강
바그다드
<이라크>
바벨론
아카드
바빌로니아
수메르
우르
갈대아
니푸르
수사
엘 람
<쿠웨이트>
쿠웨이트
<이란>
메 대
바 대
자그로스산맥
아 라 랏 산 맥
수바르투
미타니
콤마게네
대소금사막
시로-아라비아
<사우디아라비아>

성경통독의 새로운 기준

신약 성경 The Bible 2.0

❹ 전도 여행 중에 쓴 편지

데살로니가전·후서, 갈라디아서, 고린도전·후서, 로마서

성경2.0 성경통독의 새로운 기준

글 김종우 | **그림** 배광선 | **감수** 오광만

초판 1쇄 인쇄 2026년 1월 5일
초판 1쇄 발행 2026년 1월 12일

발행처 (주)CMcreative
발행인 이길우
기획 총괄 정기필
책임 편집 이경희
CG 장유미, 신선영
그림 스탭 이상일, 강지선
표지 디자인 On : Lee 이정아
본문 편집 디자인 On : Lee 이정아
제작 지원 이한영
인쇄 미래피앤피 최영민

등록번호 제387-2012-000039호
등록일자 2012.6.12

주소 경기도 고양시 덕양구 청초로66 덕은리버워크 A819호
전화 032-325-2181 (편집부), 032-325-9600 (영업부) | **팩스** 032-325-3181

ISBN 978-89-97923-35-9

책값은 표지에 있습니다.
잘못된 책은 구입하신 곳에서 교환해 드립니다.

성경통독의 새로운 기준

신약

성경 The Bible 2.0

4 전도 여행 중에 쓴 편지

데살로니가전·후서, 갈라디아서, 고린도전·후서, 로마서

김종우 글 | 배광선 그림 | 오광만 감수

CM creative

오직 성경을 쉽게 이해하도록 다듬은 책

많은 분들이 《성경2.0》 구약 편에 대해서 긍정적인 평가와 찬사를 보내 주셨지만, 제작자의 입장에서는 어쩔 수 없이 현실적으로 타협할 수밖에 없어 아쉬운 부분이 있었습니다. "성경의 의미를 훼손하지 않는 범위 안에서 최대한 쉽게 성경의 모든 것을 담자!"라는 《성경2.0》의 기획의도를 충분히 반영하지 못했다고 생각한 것이지요.

제작 환경(인력, 비용, 시간), 만화라는 특성, 지면의 한계, 텍스트의 구성 등을 고려하더라도 신약 편은 가능한 범위 내에서 그 아쉬웠던 부분을 보완하고 최대한 완성도를 높이고 싶었습니다. 또한 《성경2.0》을 아껴주시고 격려와 응원해주시는 독자들을 실망시키지 않기 위해서라도 구약보다는 더 나은 신약을 만들어야 했습니다.

그렇게 해서 구약(전7권)이 완간된 지 5년하고도 6개월이 지나서야 신약 편의 첫 권을 내놓게 되었습니다.

신약 편은 구약 편과 여러 부분에서 차이가 있다는 걸 알 수 있을 것입니다. 그중에 가장 중요하고 크게 바뀐 것은 텍스트 구성입니다. 신약 편은 헬라어 성경을 기반으로 그 의미를 훼손하지 않고 최대한 쉽게 풀어 써서 쉽게 읽히지만 그 어떤 성경보다도 헬라어 성경에 충실하다고 할 수 있습니다. 또한 신약 편에서는 구약 편과 달리 요약하거나 생략한 구절이 없습니다. 그러다 보니 '장'뿐만 아니라 '절'까지 표시되어 있습니다.

이로써 《성경2.0》의 기획의도에 좀 더 충실하게 된 것이지요.

현대 사회에서 바쁜 일상을 보내는 사람들이 교회에서 일주일에 한 시간 설교를 듣고, 일주일에 한두 시간 공부를 해서 성경을 제대로 알기란 참으로 요원한 일입니다. 또한 공부를 한다고 해도 그걸 제대로 이해하는 것은 더욱더 어렵습니다.

《성경2.0》은 펼쳐보기에 부담이 없고, 재미있고, 이해하기 쉽습니다. 성경 구절, 대사, 주석, 팁, 지도, 그림 묘사까지 모든 것이 오직 쉽게 이해하는 데 중점을 두고 다듬었습니다. 성경을 공부하는 데 들이는 시간도 획기적으로 줄여 줄 것입니다. 그리고 정통 개혁주의 신학을 따르기 때문에 신학적으로도 안심하고 읽을 수 있습니다.

신약 1권의 출간을 앞두고 마치 구약 1권을 처음 낼 때처럼 기대 반, 걱정 반입니다. 최선을 다했지만 여전히 미흡한 점이 많습니다. 너그러이 봐 주시길 당부드리고, 이 책이 하나님의 말씀을 가까이하는 데 꼭 필요한 도구로 쓰이길 바랄 뿐입니다.

이길우

무명한 자, 연약한 자를 쓰시는 하나님

'풀은 마르고 꽃은 떨어지되 오직 주의 말씀은 세세토록 있도다.' -베드로전서 1:24

길을 잃어버린 이 시대에 우리에게 가장 필요한 것이 무엇일까? 누군가 이렇게 묻는다면 저는 하나님의 말씀인 '성경'이라고 대답할 것입니다. 그래서 어떤 식으로든 많은 사람에게 성경을 읽히게 하는 것은 모든 교회와 그리스도인들의 시대적 소명이라고 생각합니다.

《성경2.0》은 그러한 하나님의 요구에 순종한 책 중 하나입니다.

저는 그런 책의 제작에 참여하면서 이렇게 고백할 수밖에 없었습니다.

"부족하고 연약한 사람들을 통해 성경을 쓰신 하나님께서 오늘도 그 일을 하시는 구나."

저는 평범한 젊은 목회자입니다. 무명한 자, 무식한 자, 연약한 자, 맡겨진 삶과 적은 사람을 돌보는 일에도 벅참을 느끼며 그 부족함과 연약함에 깊이 고뇌하는 자. 목회자이지만 여전히 믿음의 길 위에서 수많은 질문을 던져가며 간신히 하나님의 궤도 안에 머무르고 있는 자. 쉽게 말해 이 책을 쓰기에 전혀 자격이 없는 자가 바로 저입니다.

이런 제 자신을 너무 잘 알기에 이 책을 쓰면서도 얼마나 많이 포기하고 싶었는지 모릅니다. 왜냐하면 이 책을 기다리는 많은 독자와 이길우 대표를 비롯해서 누구보다 하나님께 죄송했기 때문입니다. 자격 없는 자가 이 일을 하겠다고 한 것은 아닌지, 《성경2.0》에 폐를 끼치는 것은 아닌지, 무엇보다 하나님의 말씀을 훼손시키는 것은 아닌지 하는 생각이 저를 괴롭혔습니다. 그렇게 5년의 시간이 지나 신약 편의 첫 권이 나오게 되었습니다. 지금은 이렇게 고백합니다. "하나님께서 하셨습니다!"

사실《성경2.0》을 집필해 달라는 제안을 받았을 때 저는 모든 면에서 '번 아웃' 상태였습니다. 계속 목회를 할 수 있을지에 대한 심각한 영적 무기력과 무능함에 빠져있었습니다. 그동안의 시간을 돌아볼 때,《성경2.0》집필에 대한 제안은 외로운 들판에서 양 떼를 치던 목동 다윗에게 사무엘이 찾아온 것과 같았고, '고기나 잡으러 가노라' 말했던 베드로를 새롭게 하신 하나님의 손길과도 같았습니다. 그렇게 하나님은 저를 말씀으로 초대하셨고 저를 살리기 위해 이 글을 쓰게 하셨으며 결국 예수 그리스도의 복음을 통해 제 영혼을 새롭게 빚으셨습니다.

여전히 이 책에 담긴 저의 설명에 부족함을 느낍니다. 책의 지면상 다 담지 못한 설명에 아쉬움도 있고 고치고 싶은 부분도 있습니다. 그러나 이 목마름은 결국 채워지지 않을 것을 알기에 그 일은 성령께서 하실 일로 남겨두고자 합니다. 다만, 이 책이 누군가에게 하나님이 사용하시는 오병이어와 같은 도구, 겨자씨처럼 작지만 귀한 도구가 되기를 소망합니다.

오랜 시간 저를 신뢰하고 응원해주신 이길우 대표와 힘든 시간을 함께 견뎌주며 끝까지 하나님 나라를 함께 세워갈 사랑하는 아내, 그리고 부족한 아빠를 늘 최고라고 말해주는 소중한 자녀 하준, 하로, 하야에게 진심을 담아 감사를 전합니다. 마지막으로 저 같은 자를 자녀 삼아주시고, 저 같은 자를 당신의 도구로 빚으셔서 당신의 영광을 위해 사용하시는 사랑하는 주님! 주님께 모든 영광과 감사를 드립니다.

김종우 목사

| 그 림 작 가 머 리 말 |

그리스도에게로 안내하는 길잡이

《성경2.0》 구약 편을 마무리한 후, 대표님에게 "신약 작화는 못하겠습니다!"라고 했습니다. 구약을 힘들게 마무리했기에 신약 작업을 또다시 하기엔 체력이나 정신적으로 무리라 생각했습니다. 3년이 지난 후 대표님의 연락을 받았을 때도 역시 난감해하며 몇 번이나 거절을 했습니다. 대표님의 마지막 연락을 받았을 때, 저는 큰 수술 일정이 잡혀 있었고, 작업을 할 수 있는 여건이 아니었습니다. 다행히 수술은 잘 되었으며 회복은 빨랐습니다. 이때, 대표님은 음료수가 아닌 계약서를 들고 병문안을 왔었지요. 그 자리에서 계약서에 서명했습니다.

문득 비둘기라는 뜻을 가진 예언자 '요나'가 떠올랐습니다. 이스라엘의 여로보암 2세가 왕이었을 때 활약했던 예언자이지요. 여호와의 말씀을 거역하며 도망치던 요나는 바다에 빠져서 큰 물고기에 먹혀 사흘 밤낮을 고통스럽게 보내다가 살려달라는 기도를 하게 됩니다. 기도에 대한 응답으로 물고기의 배 속에서 살아나온 요나는 결국 하나님의 말씀을 전하러 니느웨로 향하게 되죠.

'비교불가'지만 제 마음이 그때 그랬습니다.

신약 성경을 만화로 그리면서, 저는 한 사람을 만났습니다.

그는 사람을 사랑했습니다. 그는 가장 가난한 자들, 핍박받는 자들 속에 머물렀고 그들을 위해 죽음도 받아들였습니다. 그는 파격적이었습니다. 당시엔 한 사람으로서 제대로 대접받지도 못했던 여성, 어린이, 장애인, 이방인조차 조금의 거리낌 없이 받아들였으며 형식에 얽매이지 않았습니다.

그가 수많은 말씀을 통해 얘기하고 있던 것은 무엇일까요?

하나님이 성경을 통해 우리에게 전하는 메시지는 무엇일까요?

《성경2.0》이 저에게, 또 많은 이들에게 그 해답을 찾는 길잡이가 되기를 바랍니다.

가슴에 와 닿은 성경 한 구절로 이 글을 마무리하겠습니다.

"예수께서 이르시되 '네 마음을 다하고 목숨을 다하고 뜻을 다하여 주 너의 하나님을 사랑하라' 하셨으니, 이것이 가장 중요하고 첫째 되는 계명이요, 둘째도 그와 같으니 '네 이웃을 네 몸과 같이 사랑하라' 하셨으니 이 두 계명에 모든 율법과 예언자의 참뜻이 있다." -마태복음 22:37~40

《성경2.0》 구약 편의 작업을 시작한 후 지금까지 한 순간도 한 페이지도 쉽지 않았던 이 길을 함께 해 준 동료, 이상일, 강지선 작가님과 서관석 선생님, 가족들에게 진심으로 감사드립니다.

배광선

누구나 쉽게 공감할 수 있는 최고의 성경 도구, 《성경 2.0》

그리스도인은 예수 그리스도를 따르는 사람입니다. 그래서 신자들이 그분을 더 알고 싶고, 배우고 싶고, 그분이 기뻐하시는 것을 삶으로 드러내고 싶어 하는 것은 매우 자연스러운 일입니다. 신약성경은 그리스도가 누구인지, 무슨 일을 하셨는지, 그분으로 인해 우리가 받은 복과 은혜가 무엇인지를 알려주는 책입니다.

신약성경보다 그리스도에 대해 더 잘 알려주는 책은 없습니다. 그리스도를 알려면 신약성경을 읽어야 합니다. 문제는 이 성경을 혼자서 읽기가 쉽지 않다는 점입니다. 설령 큰맘 먹고 읽기 시작했다고 하더라도 중단에 포기하기 쉽고, 읽어도 선뜻 이해되지 않는 내용이 많다는 것도 문제입니다.

《성경2.0》 신약 편은 독자들이 신약성경을 친근하면서도 자주 대하게 하고, 이해하기 쉽게 도와주는 책입니다. 하나님의 말씀인 성경과 재미있는 만화는 언뜻 어울리지 않을 것 같지만, 저는 이것이 오히려 성경의 특성을 잘 나타낸다고 생각합니다.

성경은 세상 사람들이 이해하고 공감할 수 있는 정서에 맞게 배경, 표현, 공감대를 가지고 쓰였습니다. 하나님의 아들이신 우리 주 예수님은 사람들에게 하나님을 더 잘 알게 하시려고 우리의 삶에 공감하시고 우리의 언어와 정서를 가진 사람으로 오셨습니다. 하나님의 말씀은 먼 하늘에 있는 것이 아니라 우리가 손을 뻗으면 닿는 곳에 있습니다.

하지만 성경은 무척 어렵기도 합니다. 우리와 다른 시대에, 다른 언어와 문화와 관습을 가진 사람들에게 주신 말씀이기 때문입니다. 그것을 우리가 이해하려면 각각의 문제들을 설명해주는 전문가들이 있어야 하는데, 이러한 우리의 문제를 명쾌하게 해결시켜 줄 책이 바로 《성경2.0》입니다.

이 책은 몇 가지 면에서 독자들에게 많은 도움을 줄 것입니다.

첫째, 재미있는 만화로 성경을 풀이하고 있어, 남녀노소 누구나 이 책을 읽을 수 있고, 그림으로 묘사된 상황은 쉽게 이해될 것입니다.

둘째, 독자들의 궁금증과 반응을 말풍선에서 언급하고 있습니다. 때로는 재미있고, 때로는 시기적절한 양념 같은 대사로 재미를 더하고 성경을 이해하는 데 도움을 줄 것입니다.

셋째, 곳곳에 배치된 '팁'과 '주석'은 성경의 배경 지식, 역사, 근거 등을 쉽게 정리해서 성경의 낯선 문화와 역사적 사실 등을 이해하는 좋은 정보를 제공해 줄 것입니다.

넷째, 이 책은 신약학을 연구한 전문적인 성경학자가 검토했기 때문에 신학적으로도 신뢰할 수 있습니다. 《성경2.0》은 편히 읽을 수 있지만 견고한 신학적 근거 위에 세워진 또 다른 번역 성경입니다.

《성경2.0》은 어린아이, 초신자뿐만 아니라 그간 성경을 부분적으로 읽어 성경 내용 전체를 이해하는 데 어려움을 느꼈던 모든 신자들에게 반드시 필요한 책입니다.

오광만 교수

이 책의 인물들

바울 Paul

율법에 충실했던 바리새인으로 교회를 탄압하는 데 앞장섰으나
예수님을 만나 사명을 받는다. 시리아, 소아시아, 그리스, 로마까지 복음을 전했으며,
이방인을 위한 사도로 불린다.

디모데 Timothy

루스드라 출신으로, 바울의 2차 전도 여행부터 중요한 동역자로 함께했다.
바울은 그를 '사랑하는 아들'로 표현했으며,
학자들은 그를 바울의 후계자로 보기도 한다.

디도 Titus

그리스인이자 바울의 전도 여행에 함께했던 중요한 동역자였다.
바울의 여러 가지 명령을 충실하게 수행했으며, 바울은 그를 '참 아들'이라고 불렀다.

실라 Silas

예루살렘 초대 교회의 지도자로 로마식 이름은 실루아노이다.
바울의 2차 전도 여행부터 함께했고,
바울과 함께 매를 맞고 감옥에 갇히기도 했다.

베드로 Peter

12 사도 중에 한 사람이며, 예수님이 떠나신 후,
혼란한 예루살렘 교회를 돌보고 복음의 기틀을 정립한
최고 지도자 중 한 사람이다. 유대인을 위한 사도로 불린다.

야고보 James

예수님의 친동생으로, 예수님의 부활과 승천을 겪으면서 주의 제자가 되었다.
그 후 예루살렘 교회의 중요한 지도자로 있으면서
바울의 이방 지역 전도를 지원하였다.

바나바 Barnabas

구브로 섬 출신으로 마가 요한의 삼촌이기도 하다.
바울과 함께 이방 지역 전도에 앞장섰으며,
복음이 전 세계로 뻗어 나가는 초석을 마련했다.

아볼로 Apollos

알렉산드리아 출신의 유대인 율법학자다.
에베소에서 그리스도에 대해 배운 후
아가야 지방으로 갔으며, 고린도 교회에 큰 영향을 끼쳤다.

데살로니가 교인들

데살로니가는 바울이 2차 전도 여행 때 교회를 세웠다.
바울이 짧은 기간 동안 가르쳤고, 교인의 대부분이 이방인이었기 때문에
신앙적으로 크게 흔들리고 있었다.

갈라디아 교인들

갈라디아 지방은 바울이 1차 전도 여행에서 복음을 전했다.
그곳은 유대인의 영향력이 강했고,
그들은 그리스도인도 율법을 지켜야 구원받을 수 있다고 주장했다.

고린도 교인들

고린도는 바울이 2차 전도 여행 때 교회를 세웠다.
그러나 고린도는 이방인이 많고 우상 숭배와 도덕적으로 타락한 도시였고,
고린도 교회 역시 이로 인해 많은 문제를 안고 있었다.

로마 교인들

로마 교회는 예루살렘을 방문한 유대인에 의해 자생적으로 생긴 듯하다.
그러나 유대인들로 인해 율법주의로 흘렀고, 복음에는 무지했으며,
이방인들은 많은 문제를 일으켰다.

'만화'라는 옷을 입은 새로운 번역 성경

이 책의 기획의도는 "성경의 의미를 훼손하지 않는 범위 안에서 최대한 쉽게 성경의 모든 것을 담자!"입니다.

그에 따라, 신약 편은 헬라어 성경을 기반으로 그 의미를 훼손하지 않고 최대한 쉽게 풀었습니다. 그래서 쉽게 읽히지만 그 어떤 성경보다도 헬라어 성경에 충실하다고 할 수 있습니다.

또한 신약 편에서는 요약하거나 생략한 구절이 거의 없습니다. 그러다 보니 '장'뿐만 아니라 '절'까지 표시해 두었습니다. 이 점은 바로 성경과 직접 비교가 가능하다는 것이고, 이 책이 단순한 만화성경이 아니라 만화의 표현 방식을 빌려온 새로운 버전의 번역 성경이라는 것입니다.

이 책의 팁, 주석, 대사, 링크, 지도, 그림 등의 요소 역시 독자들의 이해를 돕기 위해 오랜 고민 끝에 나온 것입니다. 또한 성경통독에 필요한 많은 자료도 이 한 권의 책에 모두 담고자 했습니다. 그래서 성경을 읽는 부담은 줄여주고, 성경을 정확하게 이해하는 데 필요한 시간을 획기적으로 줄여줄 것입니다.

이제 힘들게, 의무적으로 성경을 읽지 마세요. 《성경2.0》은 성경통독이 더 이상 어렵고, 힘들지 않다는 것을 증명해 줄 것입니다.

❶ '제목'과 '장'과 '절'이 표시되어 있어요.

❷ 사복음서 중에서 서로 관련이 있는 부분은 아래처럼 표시되어 있어요.

❸ 지난 내용이나 연결된 내용은 'Link'를 따라가 보세요.

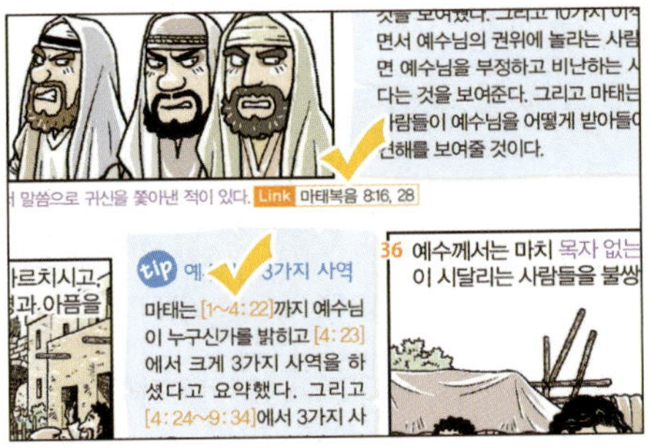

❹ 간단한 도움말은 '주석'으로 표시됩니다.

❺ 좀 더 깊이 있는 내용은 'tip'을 보세요.

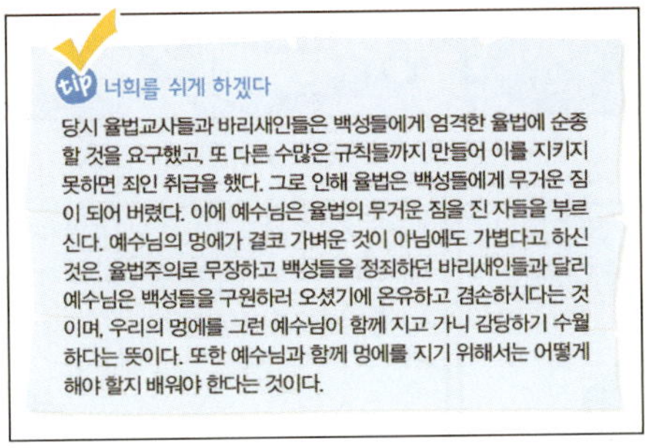
tip 너희를 쉬게 하겠다

당시 율법교사들과 바리새인들은 백성들에게 엄격한 율법에 순종할 것을 요구했고, 또 다른 수많은 규칙들까지 만들어 이를 지키지 못하면 죄인 취급을 했다. 그로 인해 율법은 백성들에게 무거운 짐이 되어 버렸다. 이에 예수님은 율법의 무거운 짐을 진 자들을 부르신다. 예수님의 멍에가 결코 가벼운 것이 아님에도 가볍다고 하신 것은, 율법주의로 무장하고 백성들을 정죄하던 바리새인들과 달리 예수님은 백성들을 구원하러 오셨기에 온유하고 겸손하시다는 것이며, 우리의 멍에를 그런 예수님이 함께 지고 가니 감당하기 수월하다는 뜻이다. 또한 예수님과 함께 멍에를 지기 위해서는 어떻게 해야 할지 배워야 한다는 것이다.

❻ '검은색' 글자는 성경에 있는 내용이고, '갈색' 글자는 해당 성경 구절에는 없는 내용입니다.

❼ 앞서 나왔던 주석이라도 이해를 돕기 위해 반복해서 다시 나옵니다.

전도 여행 중에 쓴 편지

-데살로니가전·후서, 갈라디아서, 고린도전·후서, 로마서-

●바울Paul

히브리어 이름은 '사울', 로마식 이름은 '바울'이다. 그는 베냐민 지파 출신으로, 길리기아 다소에서 로마 시민권을 가지고 태어났으며, 산헤드린 공회의 공회원으로 추정된다. 또한 당대 최고의 유대 학자인 가말리엘 문하에서 엄격한 교육을 받은 철저한 바리새인으로, 그리스도인을 박해하는 데 앞장섰다. 그러나 다마스쿠스로 가던 길에 예수 그리스도를 만나 이방인을 위한 사명을 받고 로마 제국 전역에 복음을 전하게 된다.

▶ Link 3권 61p tip '이방 지역으로 전해지는 복음'을 보라.

데살로니가전서

1장 인사

1 바울과 실루아노와 디모데가 하나님 아버지와 주 예수 그리스
도 안에 있는 데살로니가 사람의 교회에 편지를 씁니다.

※실루아노(Silvanus): 실라(Silas)의 로마식 이름이다. 유대 출신 로마 시민권자로 바울의 2차 전도 여행에 동행했다.

tip 데살로니가전서 1THESSALONIANS

본서신은 바울이 2차 전도 여행 중 고린도에서 작성했다. Link 3권 90p 데살로니가 교회는 바울이 2차 전도 여행 때 세웠지만 유대인의 위협으로 3주 만에 서둘러 떠나야 했다. Link 사도행전 17:5~10 바울은 베뢰아와 아덴을 거쳐 고린도까지 갔다가 데살로니가 교회의 사정을 확인하기 위해 디모데를 보냈고, 돌아온 디모데를 통해 그곳의 소식을 듣는다. 당시 데살로니가 교회는 훌륭하게 신앙을 지키고 있었지만, 대부분 이방인이어서 신앙적으로 무지했고, 세상의 끝날이 곧 닥칠 것이라는 생각에 혼란을 겪고 있었다. 이에 바울은 그리스도의 재림과 세상의 종말에 대해서 정리한 다음 디모데를 통해 이 서신을 보낸다.

※디모데(Timothy): 바울의 가장 중요한 조력자 중 하나로, 바울은 그를 '내 사랑하는 아들'이라고 불렀다. Link 고린도전서 4:17

데살로니가 교인들의 믿음

2 우리는 기도할 때마다 여러분 모두를 기
억하고, 늘 하나님께 감사드립니다.

3 그것은 우리가 하나님 우리 아버지 앞에
서 여러분의 믿음의 삶과 사랑의 실천과

우리 주 예수 그리스도를 기다리는 소망을 언제나 기억하고 있기 때문입니다.

4 하나님의 사랑을 받은 형제들이여, 우리
는 하나님께서 여러분을 선택하셨다는
것을 알고 있습니다.

※선택: 세상이 있기 전에 이미 하나님이 선택하셨다는 의미이다. Link 에베소서 1:4

5 우리는 우리의 복음을 말로만 전한 것이 아니라,
하나님의 능력과 성령과 큰 확신으로 전했습니다.

※우리의 복음: 바울이 전한 하나님께 받은 복음을 의미한다.

우리가 여러분과 있을 때, 여러분을 위하여 어떻게 했는지 잘 알고 있을 것입니다.

※마케도니아(Macedonia)와 아가야(Achaia): 그리스 전체를 뜻하며, 마케도니아는 북쪽, 아가야는 남쪽을 의미한다.

데살로니가전서

※찾아갔을 때: Link 사도행전 17:1

※하나님만: Link 마태복음 24:36

tip 크게 기뻐하는 바울

데살로니가는 대부분 이방인으로 구성된 도시로서, 바울이 유대인의 위협 때문에 단 3주 만에 떠나야 했던 곳이다. Link 사도행전 17:10 그런데 데살로니가에 다녀온 디모데가 전한 소식은 바울을 더없이 기쁘게 했다. 그들은 적대적인 데살로니가의 환경에서 고난을 겪고 있었지만, 복음을 받아들인 지 얼마 되지 않았음에도 바른 복음을 따라 신앙이 자라나고 있었다. 게다가 그들의 모범적인 신앙생활은 데살로니가를 넘어 그리스 전체에 영향을 미치고 있었다. 이와 같은 소식에 바울은 감격하며 하나님의 은혜에 감사하는 마음으로 편지를 이어 간다.

2장 바울의 데살로니가 전도

※빌립보(Philippi): 바울은 2차 전도 여행 때 빌립보에서 고초를 당한 후 데살로니가로 갔다. Link 사도행전 16:40

※사도: 바울은 넓은 의미로 실라와 디모데까지 사도에 포함시키고 있다.

※사랑하시는: Link 데살로니가전서 1:4

※일하면서: Link 사도행전 18:3

※장차~: Link 로마서 8:18

15 그 유대인들은 주 예수와 예언자를 죽이고, 우리를 내쫓고, 하나님을 기쁘시게 하지 않
고, 모든 사람의 적이 되었으며,

16 우리가 이방인에게 말씀을 전해서 구원
을 얻게 하려는 것도 방해하고 있습니다.

※내쫓고 : 유대인들이 데살로니가와 베뢰아에서 바울 일행을 내쫓은 걸 가리킨다. Link 사도행전 17:5, 17:13

그러므로 그들은 지금까지 자기들의 죄를 잔뜩 키워서 마침내 하나님의 진노가 끝까지 다다랐습니다.

tip 회상하는 바울

데살로니가 사람들 중에는 지금까지도 바울의 복음 전파의 순수성을 의심하는 사람들(이단자들, 거짓 선생들, 유대주의자들)이 있던 것으로 보인다. 이에 바울은 자신을 변호하고, 과거 자신이 데살로니가 교인들을 대했던 모습을 돌아보길 권하고, 스스로 직접 일을 하면서 그들에게 조금도 신세를 지지 않음으로 사적인 욕심이 없었다는 것을 강조한다. 바울은 전도자가 그 대상에게 도움을 받는 것은 당연한 권리라고 했지만 Link 고린도전서 9:14 그는 결코 그 권리를 사용하지 않았다. 한편, 바울은 데살로니가 교회가 예루살렘 초대 교회와 같은 처지에 놓여 있다고 한다. 그리스도인은 개종한 후 이전의 관습과 우상을 거부하고 하나님의 말씀을 따라야 하므로 본래의 문화를 유지하려는 동족들과 갈등이 생기고 고난을 겪기 때문이다. Link 디모데후서 3:12

다시 방문하길 원하는 바울1

17 형제들이여, 우리가 잠시 여러분을 떠난
것은 얼굴이지 마음이 아닙니다.

우리는 여러분의 얼굴 보기를 간절히 바라고 애쓰고 있습니다.

18 그래서 우리와 나 바울은 여러분에게 몇
번 가려고 했으나 사탄이 막았습니다.

19 하지만 우리 주 예수께서 다시 오실 때, 우리의
소망이나 기쁨이나 자랑할 월계관이 무엇이겠
습니까?

그것은 그분 앞에 설 여러분이 아니겠습니까? 여러분이야말로 우리의 영광이요, 기쁨입니다.

3장 다시 방문하길 원하는 바울2

1 그러므로, 우리는 참다못해 우리만 아덴에 남기로 하고,

※아덴(Athens): 그리스 신화의 아테네 여신을 기념한 이름. 민주주의의 발상지이며, 그리스 철학의 중심지로 불린다.

2 우리의 형제요, 그리스도의 복음을 전하는 하나님의 일꾼인 디모데를 여러분에게 보냈습니다.

그는 여러분을 굳건하게 하고, 여러분의 믿음을 격려하여, 여러 고난 중에서도 아무도 믿음이 흔들리지 않게 하려는 것입니다.

4 우리가 여러분과 함께 있을 때, 장차 우리가 당할 고난을 미리 말했습니다.

※미리: Link 사도행전 14:22

과연 그렇게 되었고, 여러분도 그것을 알고 있습니다.

5 그러므로 내가 참다못해 여러분의 믿음을 알아보려고 디모데를 보냈습니다.

그것은, 사탄이 여러분을 시험하여 우리의 수고를 헛되게 할까 염려되었기 때문입니다.

디모데의 보고

6 그러나 지금 디모데가 돌아와서, 여러분의 믿음과 사랑의 기쁜 소식을 전해 주었습니다.

tip 바울의 염려

바울은 데살로니가와 베뢰아에서 유대인의 탄압을 피해 아덴까지 내려왔다. 하지만 데살로니가의 소식이 궁금했던 바울은 디모데를 그곳으로 보낸 뒤 고린도로 향했다. Link 사도행전 18:1 그리고 고린도에서 데살로니가를 다녀온 디모데를 만난 후 이 편지를 쓴다. 한편, 바울은 그리스도인에겐 반드시 고난이 따른다고 했다. 고난은 믿음을 단련시켜 성장하게 하고 구원에 이르도록 돕는다. Link 베드로전서 1:6 또 바울은 갈라디아에서 '하나님 나라에 들어가려면 많은 고난을 겪어야 한다'고 했다. Link 사도행전 14:22

또, 우리가 여러분을 보고 싶어 하는 것처럼, 여러분도 우리를 항상 기억하고, 간절히 보고 싶어 한다고 전해 주었습니다.

7 형제들이여. 모든 궁핍과 고난 속에서도 우리는 여러분의 믿음을 보고 위로를 받았고,

8 여러분이 주님 안에서 굳게 서 있다니 우리도 이제 안심이 됩니다.

9 우리는 여러분으로 인해 우리 하나님 앞에서 크게 기뻐하고,

※궁핍과 고난: 당시 바울은 고린도에서 여러 어려움에 처해 있었다.

▶ Link 3권 90p tip '바울의 환상'을 보라.

10 우리가 여러분을 직접 만나 여러분의 믿음에 부족한 것을 채워 줄 수 있길 밤낮으로 간절히 기도하고 있습니다.

11 하나님 우리 아버지와 우리 주 예수께서 우리가 여러분에게 갈 길을 열어 주시고,

12 우리가 여러분을 사랑하듯이, 여러분 서로가 사랑하고 또 모든 사람에 대한 사랑이 더욱 넘치게 하시고,

13 여러분의 믿음을 굳건하게 하셔서, 우리 주 예수께서 그의 모든 성도들과 함께 오실 때, 하나님 우리 아버지 앞에서 거룩하여 흠 잡힐 데가 없게 해 주소서.

tip 감사하는 바울

바울과 그 일행도 데살로니가에서 복음 전할 때 유대인에게 박해를 받아 밤에 서둘러 그곳을 빠져나왔다. Link 사도행전 17:10 그런데 충분한 신앙적 도움을 받지 못한 데살로니가 교회의 사람들이 고난 속에서도 믿음을 굳건하게 지켰다는 것은 바울을 기쁘게 하기에 충분했다. 하지만 그들의 신앙 지식은 부족했다. 그들은 다른 교회의 모범이 되고, 그들의 믿음이 소문날 정도였지만 복음에 대한 이해가 부족해서 많은 어려움을 겪고 있었다. 이에 바울은 이 편지를 통해 부족한 부분을 설명하고, 하루 빨리 그들과 다시 만나기를 간절히 바란다.

4장 하나님을 기쁘시게 하는 삶

1 형제들이여, 끝으로 우리가 주 예수 안에서 여러분에게 권하고 부탁합니다. 우리에게 배운 대로, 여러분이 어떻게 살아야 하고, 어떻게 하나님을 기쁘시게 할지 더욱 힘써 주십시오.

2 우리가 주 예수의 이름으로 여러분에게 내린 명령이 무엇인지 여러분은 알고 있을 겁니다.

※명령: 주 예수의 이름으로 사도가 내린 명령은 곧 그리스도의 명령이다. Link 고린도전서 14:37

※거룩하게: Link 레위기 11:45, 19:2 Link 베드로전서 1:15, 16

※몸: 헬라어로는 '그릇'으로 기록되어 있다. 이를 '아내'로 해석하기도 하지만 '몸'으로 해석하는 것이 타당하다.

※심판: 그리스도의 심판은 그가 다시 오실 때 이루어진다. Link 고린도전서 4:5 Link 데살로니가후서 1:8

※직접: 그리스도의 가르침과 성령의 인도하심을 의미한다.

※마케도니아(Macedonia): 당시 마케도니아에는 최소한 빌립보, 데살로니가, 베뢰아에 교회가 있었다.

11 또 우리가 명령한 대로, 조용히 지내면서 분쟁에 끼어들지 말 것이며,

남의 일에 참견하지 말고, 자기 손으로 일을 하십시오.

12 그리하여 외부인들이 여러분을 존경하게 하고, 아무에게도 신세 지지 않도록 해야 할 것입니다.

tip 거룩함과 사랑

당시 데살로니가를 비롯한 이방 지역은 성적으로 문란했다. 그들은 하나님에 대해서 무지했고 도덕적 기준이 빈약했으므로 본능에 충실할 뿐이었다. 그들은 결혼한 사람 외에도 다양한 형태로 음란한 행위를 했고, 종교적인 의식에서조차 그런 행위들이 허용되고 있었다. 성적인 부분이 거룩함을 이루는 전부는 아니지만 그 영향은 매우 컸다. 그래서 바울은 그러한 악습을 단호히 끊어야 한다고 했다.

Link 고린도전서 6:18

한편, 예수께서는 가장 중요한 계명 중 하나를 '이웃 사랑'이라고 하셨고, 제자들에게 '서로 사랑하라'는 명령을 주셨으며, 하나님의 사랑을 직접 우리에게 보이셨다.

Link 마가복음 12:13 Link 요한복음 13:34

바울은 '사랑은 성령의 열매'이며, '하나님은 성령을 통해 그분의 사랑을 우리에게 부어 주신다'라고 했다. 사랑은 그리스도인의 가장 중요한 덕목이다.

Link 갈라디아서 5:22 Link 로마서 5:5

주께서 다시 오실 때 1

13 형제들이여, 우리는 여러분이 잠든 자들에 대해서 알아야 한다고 생각합니다.

※잠든 자들: 데살로니가 교인들 중에 죽은 자들을 가리킨다.

이는 여러분이 소망이 없는 다른 사람들처럼 슬퍼하지 않게 하려는 것입니다.

※다른 사람들: 그리스도인이 아닌 사람들을 가리킨다.

14 우리는 예수께서 죽으셨다가 살아나신 것을 믿습니다.

그처럼 예수를 통해 잠든 자들을 하나님이 함께 데려오실 것입니다.

15 우리는 주의 말씀으로 여러분에게 전합니다.

16 주께서는 함성과 천사장의 소리와 하나님의 나팔 소리와 함께 친히 하늘로부터 내려
오실 것입니다.

그리스도 안에서 죽은 자들이 먼저 일어
나고,

17 그다음에 살아남은 자들도 우리와 함께 구름 속으로 이끌려 올라가 공중에서 주님을
맞이할 것입니다!

그리하여 우리가 항상 주님과 함께 있을
것입니다.

18 그러므로 여러분은 이런 말로 서로 위로
하십시오.

※이런 말: Link 데살로니가전서 4:15~17

tip 죽은 자들

데살로니가 교인들은 죽은 자들이 어찌 될지에 대해 분명한 지식을 갖지 못해 혼란을 겪고 있었다. 그리고 그 소식은 디모데를 통해 바울에게 전달되었고, 바울은 이에 대한 답변을 쓴다. 바울은 세상 끝날이 오면 살아 있는 자들보다 죽은 자들이 먼저 부활하여 하나님의 영광에 참여하여 기쁨을 누릴 것이니 죽음을 두려워하거나 좌절하지 말고 믿음으로 서로 위로하길 권한다.

5장 주께서 다시 오실 때 2

※도둑처럼: Link 마태복음 24:43 Link 누가복음 12:40

10 그리스도께서 우리를 위해 죽으신 것은, 우리가 살든 죽든 자신과 함께 살게 하시려는 것입니다.

11 그러므로 서로 위로하고, 서로 격려하기를 지금 여러분이 하는 것처럼 하십시오.

tip 깨어 있어라

데살로니가 교인들은 세상의 끝날이 곧 닥칠 것이라는 생각에 무기력하게 지내는 사람이 많았던 것으로 보인다. 하지만 바울은 이미 세상 끝날에 대해서 그들에게 가르쳤다. Link 데살로니가후서 2:5 바울은 세상 끝날이 아무도 모르게 갑자기 닥칠 것이니 믿음과 사랑과 소망으로 무장하고 늘 깨어 있길 강조한다. '깨어 있어라'는 예수님도 반복해서 강조하신 말씀이다.

Link 마태복음 24:42, 25:13 Link 마가복음 13:35

한편, 믿음과 사랑과 소망은 그리스도인이 반드시 갖추어야 할 신앙의 3요소이다.

마지막 당부와 인사

12 형제들이여, 여러분에게 부탁합니다. 여러분 가운데서 수고하고 주님 안에서 여러분을 이끌며 가르치는 자들을 존중하십시오.

13 여러분을 위해 일하는 그들을 사랑으로 존경하고, 서로 화목하게 지내십시오.

14 형제들이여, 여러분에게 권고합니다. 게으른 사람을 훈계하고, 낙심한 사람을 격려하고, 믿음이 약한 사람을 도와주고, 모든 사람에게 오래 참으십시오.

15 아무도 악으로 악을 갚지 말고, 누굴 대하든지 항상 선함을 좇으십시오.

16 항상 기뻐하십시오.

※기뻐: 어려움 속에서도 기뻐하는 것을 포함하는데 그것은 성령을 통해서만 가능하다.
Link 갈라디아서 5:22 Link 로마서 14:17

17 끊임없이 기도하십시오.

※기도: 예수님도 늘 기도하라고 하셨다.
Link 누가복음 18:1

18 모든 일에 감사하십시오. 이것이 그리스
도 예수 안에서 여러분에게 바라시는 하
나님의 뜻입니다.

※예수 안에서 : 사람이 예수님을 떠나서는 하나님의 뜻(거룩함)을 이룰 수 없다.

19 성령을 거스르지 말고, 성령의 감동을 받
아 전하는 예언을 무시하지 마십시오.

※예언 : 직접적인 계시와 구약의 말씀이나 사도들의 교훈을 해석해서 가르치는 것을 의미한다.

21 모든 것을 잘 살펴서 선한 것은 굳게 잡고,
모든 악함은 멀리 하십시오.

※모든 것 : [19, 20절]의 범위 안에서의 모든 것을 의미한다.

23 평화의 하나님이 친히 여러분을 온전히 거룩하게 해 주시고, 우리 주 예수 그리스도께
서 다시 오실 때 여러분의 심령과 영혼과 육체를 흠이 없이 지켜 주실 것입니다.

※영혼과 육체 : 성경에서는 사람을 영혼과 육체로 나누는데 한 사람의 전체를 의미한다.

Link 창세기 2:7 Link 전도서 12:7 Link 고린도전서 5:5

24 여러분을 부르시는 이는 신실하시니 그
분이 이 일도 이루실 것입니다.

25 형제들이여, 우리를 위해 기도해 주십시오.

26 거룩한 입맞춤으로 모든 형제들에게 인
사를 전해 주십시오.

27 나는 주님의 이름으로 여러분에게 부탁
합니다. 모든 형제들에게 이 편지를 읽어
주십시오.

28 우리 주 예수 그리스도의 은혜가 여러분과 함께 하기를
빕니다.

tip 바울의 당부

바울은 마지막으로 여러 가지 당부를 한다. 그중 '오래 참는 것'은 성령의 9가지 열매 중 하나이며, 하나님의 속성이기도 하다. Link 갈라디아서 5:22 Link 출애굽기 34:6 Link 시편 103:8 바울은 그리스도인들이 서로 오래 참고 용서해야 한다고 가르쳤다. Link 에베소서 4:2 Link 고린도전서 13:4 Link 골로새서 3:12 또 바울은 '악으로 악을 갚지 말라'고 했는데 이와 비슷한 말을 한 적이 있다. Link 로마서 12:17 그것은 예수님의 가르침에 근거한 것이다. Link 마태복음 5:44 Link 누가복음 6:27 당시 유대인들은 '눈에는 눈, 이에는 이'라는 모세의 율법을 따라 보복을 정당화했다. Link 출애굽기 21:24 하지만 그것은 재판을 공정하게 하라는 것이지 상대방에게 보복을 하라는 뜻이 아니다.

데살로니가후서

1장 인사

1 바울과 실루아노와 디모데가 하나님 우리 아버지와 주 예수 그리스도 안에 있
는 데살로니가 사람의 교회에 이 편지를 씁니다.

※실루아노(Silvanus) : 실라(Silas)의 로마식 이름이다. 유대 출신 로마 시민권자로 바울의 2차 전도 여행에 동행했다.

2 하나님 아버지와 주 예수 그리스도께서 내려 주
시는 은혜와 평화가 여러분에게 있기를 빕니다.

3 형제들이여, 우리는 여러분을 두고 항상
하나님께 감사를 드립니다.

※기도 : Link 데살로니가전서 3:10

그것은 당연한 것인데, 여러분의 믿음이 크게 자라고 여러분 모두가 서로에게 크나큰 사랑을 베풀기 때문입니다.

4 또 우리가 하나님의 여러 교회에서 여러
분을 자랑하는 것은, 여러분이 온갖 박해
와 고난을 받으면서도 인내하며 믿음을
굳게 지키고 있기 때문입니다.

tip 데살로니가후서 2THESSALONIANS

데살로니가전서를 보낸 수개월 후, 데살로니가 교회의 상황은 한결 나아졌지만, 데살로니가전서의 내용 중 오해하는 부분이 있었고, 여전히 그리스도의 재림의 상황을 혼란스러워했다. 이에 바울은 문제를 바로잡기 위해 보다 단호한 어조로 그리스도의 재림을 기다리는 성도들의 바른 자세와 생활에 대한 보충 설명을 덧붙여 두 번째 편지를 보낸다.

다시 오실 그리스도의 심판

5 그것은 하나님의 의로운 심판의 증거이며,

※의로운 심판 : 마지막 날에 있을 박해하는 자들과 고난에 처한 성도들에 대한 공정한 심판을 가리킨다.

※선함을 찾자 : Link 데살로니가전서 5:15
※복을 빌어 : Link 베드로전서 3:9

※나타나실 때 : 모든 것이 다 드러난다는 의미로 마지막 심판의 날을 가리킨다.
※형벌 : 공정한 절차에 따라 이루어지는 심판에 따른 형벌을 의미한다.

※오시면 : 예수님이 오시는 심판의 날이 언제인지는 하나님만 아신다. Link 마태복음 24:36

※맞게: 그리스도인은 부르심으로 이미 받았으므로 구원받은 자에 맞는 삶을 살아야 한다.

tip 고난이 주는 선물

바울은 현재 데살로니가 교인들이 겪고 있는 고난을 위로하며 그 결과를 이야기하고 있다. 그리스도를 따르는 모든 사람들에게는 반드시 고난이 따른다. Link 빌립보서 1:29 그것은 바울과 디모데와 실라도 겪는 문제이고, 그리스도도 예외가 아니었다. Link 베드로전서 2:22~25 그런데 그들이 겪는 고난은 그들의 죄 때문이 아니라 하나님 나라를 위해서 겪는 것이어야 한다. 그들이 자신들의 죄 때문에 고난을 겪는다면 자랑할 만한 일이 될 수 없다. 그러나 그들은 그리스도를 위해 고난을 겪기 때문에 그 고난은 하나님이 보시기에 황금보다 더 귀한 것이며, 그들은 칭찬과 영광과 함께 높여질 것이다. Link 베드로전서 1:7

2장 불의한 자의 출현

※조심하라고: 마지막 날에 대한 예언. Link 마태복음 24:4~42

※멸망의 자식: 마지막 날에 믿음을 배신하는 자들 중에 나타날 적그리스도. Link 요한일서 2:18

※억제되어: 여러 가지 해석이 있지만 하나님과 성령에 의해 억제되어 있다고 보는 것이 무난하다.

※진리: 복음의 진리, 하나님으로부터 오는 진리를 의미한다. Link 갈라디아서 2:5 Link 골로새서 1:5

tip 흔들리는 교인들

데살로니가 교회에는 불의한 목적을 가진 세력이 있었던 것으로 보인다. 그들은 교인들을 속이려고 바울의 사도 권위를 이용하거나 믿음을 흔들려고 심판의 날이 이미 지나갔다고도 했다. Link 디모데후서 2:18 그들은 아마 예루살렘 오순절 성령 강림을 예수님이 다시 오신 것으로 생각했을 것이다. Link 사도행전 2:1 교인들은 바울에게 심판의 날에 대한 거듭된 가르침을 받았음에도 불의한 자들의 거짓 주장에 심하게 흔들렸다. 이에 바울은 예수님의 말씀을 빌려 심판의 날을 설명하며 불의한 자들에게 속지 말고, 끝까지 믿음을 지키길 당부한다.

※말씀: Link 마태복음 24:4~13

가르침을 지켜라

13 주의 사랑을 받는 형제들이여, 우리는 여러분의 일로 마땅히 하나님께 감사드릴 뿐입니다.

그것은 하나님이 처음부터 여러분을 선택하셔서 성령으로 거룩하게 하시고, 진리를 믿게 하여 구원에 이르게 하셨기 때문입니다.

※처음: 세상이 있기 전부터라는 의미이다. Link 에베소서 1:4
※진리: 예수 그리스도의 죽음과 부활.

14 그것을 위해 하나님은 우리가 전하는 복음으로 여러분을 부르시고 우리 주 예수 그리스도의 영광을 얻게 하셨습니다.

※영광: 그리스도께서 부활하시면서 얻게 될 영광을 가리킨다.

15 그러므로 형제들이여, 믿음 위에 굳게 서서 우리의 말과 편지로 배운 가르침을 지키십시오.

16 이제는 우리 주 예수 그리스도와 우리를 사랑하시고 영원한 위로와 선한 소망을 주시는 우리 아버지 하나님께서 여러분의 마음을 위로하시고, 모든 선한 일과 말을 할 수 있도록 견고하게 해 주시기를 빕니다.

※선한 일과 말: 하나님의 영광을 높이는 일과 말.

tip 바울의 기도

마지막 부분은 바울의 기도이다. 바울은 고난과 거짓 주장에 흔들리는 데살로니가 교인들을 향한 두 가지 소원을 말한다. 첫째, 그들이 고난과 심판의 날에 대한 혼란을 잘 극복하고 굳게 설 수 있도록 위로해 주시고. 둘째, 그들이 하나님의 영광을 높이는 선한 일을 할 수 있도록 견고하게 해 주시기를 구한다. 바울은 위로하시는 하나님, 견고하게 하시는 하나님을 향해 기도하고 있다. Link 고린도후서 1:3 Link 로마서 1:11

3장 우리를 위하여 기도하라

1 끝으로 형제들이여, 우리를 위해서 기도해 주십시오.

주의 말씀이 여러분에게 퍼진 것처럼 속히 곳곳으로 전해져 영광스럽게 되고

2 우리가 부정하고 악한 자들에게서 벗어나도록 기도해 주십시오.

모든 사람이 주에 대한 믿음을 가지고 있는 것이 아닙니다.

3 그러나 주님은 진실하시므로 여러분을 굳세게 하시고 악한 자들에게서 지켜 주실 것입니다.

4 또 우리가 명령한 것을 여러분이 지금 실행하고 있고, 앞으로 실행할 것을 주 안에서 확신하고,

5 주께서 여러분의 마음을 인도하셔서, 하나님의 사랑과 그리스도의 인내를 깨닫게 해주시길 바랍니다.

※하나님의 사랑: 사람을 향한 하나님의 사랑과 하나님을 향한 사람의 사랑을 모두 포함한다.

tip 주 안에서

바울은 데살로니가 교인들이 자신의 가르침을 따라 살 것이라고 확신하고, 그 근거는 '주 안에서'라는 신앙의 기초에서 비롯되었다. Link 갈라디아서 5:10 Link 로마서 14:14 Link 빌립보서 2:24 '주 안에서'는 주님과 함께 하는 삶을 뜻하며, 이는 믿음을 굳건하게 하고 하나님이 원하시는 삶을 살게 한다. 그래서 바울은 주께서 그들의 마음과 함께 하셔서 인도해 주시기를 간청한다. 한편, '그리스도의 인내'는 모든 고난을 견디신 그리스도의 인내를 의미하며, 나아가서 데살로니가 교인들이 그를 본받아 인내하는 것을 뜻한다.

게으름에 대한 경고

6 형제들이여, 주 예수 그리스도의 이름으로 명령합니다.

게으르고 우리에게서 받은 가르침을 따르지 않는 모든 형제를 멀리하십시오.

7 여러분은 우리를 어떻게 본받아야 하는지는 잘 알고 있습니다.

우리는 여러분과 함께 있을 때 게으름을 피운 적이 없고,

8 누구에게서든 음식을 거저 얻어먹은 일도 없으며,

밤낮으로 수고하고 힘들게 일하면서 누구에게도 폐를 끼치지 않으려고 했습니다.

9 그것은, 우리에게 권리가 없어서가 아니라 여러분이 우리를 본받게 하려고 모범을 보였던 것입니다.

10 우리가 여러분과 함께 있을 때에 '일하기 싫은 사람은 먹지도 말라'고 했습니다.

11 그런데 여러분 중에는 게으르며 일은 도통 하지 않고 남에게 참견만 하는 사람들이 있다고 들었습니다.

※권리 : 예수님 말씀에 근거하여 복음 전도자들은 대부분 교회의 경제적인 지원을 받았다. Link 마태복음 10:10 Link 누가복음 10:7

※하셨어 : Link 창세기 3:19

12 우리는 주 예수 그리스도 안에서 그런 자들에게 명령하고 권합니다.

13 형제들이여, 선한 일을 하다가 낙심하지 마십시오.

14 이 편지에서 우리가 한 말을 따르지 않는 자가 있다면

※선한 일 : 하나님의 뜻에 맞는 좋은 일, 명예로운 일을 의미한다.

특히 주의하면서 사귀지 말고, 그가 부끄럽게 하십시오. 그러나 그를 원수로 여기지 말고, 형제에게 대하듯이 타이르십시오.

※조치 : 교회에서 추방하는 것을 말한다. Link 마태복음 18:17 Link 고린도전서 5:13

tip 게으른 자들

바울은 마지막으로 데살로니가 교인 중 심판의 날에 대해 잘못된 지식을 가지고 불성실하고 무질서하며 분란을 일으키는 사람들을 언급한다. 그들은 곧 심판의 날이 닥칠 것이라 생각해 현실을 포기하고 오실 예수님을 맞을 준비를 해야 한다고 말한다. 이에 바울은 그 주장에 반대 의견을 분명히 밝히며, 교인들에게 동요하지 말고 거리를 두되 그들을 형제로서 타이르고 다시 돌아올 기회를 주도록 권한다. 한편 바울은 그들이 누구인지 지목하지는 않았지만, 교인들은 바울이 누구를 가리키는지 알고 있었을 것이다.

인사와 축복

16 평화의 주께서 언제나 여러분의 모든 일에 평화를 주시고, 모든 분과 함께하시기를 빕니다.

17 나 바울이 친필로 문안드립니다. 이것이 모든 편지에 쓰는 나의 서명입니다.

18 우리 주 예수 그리스도의 은혜가 여러분 모두에게 있기를 빕니다.

갈라디아서

1장 인사

1 나 바울은 사람이 세운 것도 아니고, 사람
이 시켜서도 아니라

오직 예수 그리스도와 그를 죽은 자들 중
에 살리신 하나님 아버지를 통해서 사도
가 되었습니다.

2 나와 함께 있는 모든 형제가 갈라디아의
여러 교회에 이 편지를 씁니다.

※갈라디아(Galatia) : 지금의 터키, 소아시아 중앙으로 안디옥, 이고니온, 루스드라, 더베 등의 성읍이 있는 지방을 가리킨다.

3 하나님 아버지와 주 예수 그리스도의 은
혜와 평화가 여러분에게 있기를 빕니다.

4 그리스도께서는 우리 하나님 아버지의 뜻을 따라 우리를 이 악한 세대에서 건지시려
고, 우리의 죄를 대신해서 자기의 몸을 바치셨습니다.

※이 악한 세대 : 유대인들은 메시아가 오시기 전을 '이 세대', 메시아가 오신 이후를 '올 세대'라고 불렀다.

5 하나님께 영원토록 영광이 있기를 빕니
다. 아멘.

tip 갈라디아서 GALATIANS

본서신은 바울이 전도 여행 중 갈라디아의 교회에 보낸 것이다. 그러나 기록 시기나 장소에 대해서는 여러 견해가 있다. 1차 전도 여행 직후 시리아의 안디옥, 2차 전도 여행 도중 고린도, 3차 전도 여행 도중 에베소나 마케도니아 등이 거론되지만, 대체로 3차 전도 여행 중에 쓰였다는 의견이 우세하다. 갈라디아 지방은 바울이 1차 전도 여행에서 복음을 전한 곳으로 유대인의 영향력이 강했다. 그들은 율법의 굴레에서 벗어난 그리스도인들에게 그리스도를 믿더라도 할례를 받고 율법을 지켜야만 구원을 받을 수 있다며 다시 율법의 굴레로 묶으려 했다. 또 바울의 사도권을 부정하며 반기를 들기도 했다. 이에 분노한 바울은 본 서신에서 구원은 율법이 아니라 믿음으로 얻는다는 이신득의(以信得義) 사상을 주장하며, 믿음으로 구원받은 자의 삶을 가르쳤다. 그래서 학자들은 믿음이 율법에서 인간을 자유롭게 했다는 점에서 본 서신을 '기독교 자유의 대헌장'이라 부른다.

다른 복음은 없다

※천사: 유대인들은 천사를 율법의 중개자로 생각했다. Link 신명기 33:2 Link 사도행전 7:53

※율법을 완성: Link 마태복음 5:17
▶ Link 1권 46p tip '구약의 말씀을 완성하러 왔다'를 보라.

tip 갈라디아 교회들의 상황

당시 갈라디아 교회들이 유대인 율법주의자들에 의해 복음이 변질되고, 무질서한 상황에 놓였음을 보여 준다. 그들은 바울의 사도권을 인정하지 않았고, 율법의 의무를 버린 채 그리스도에 대한 믿음만이 구원의 길이라는 바울의 주장을 사람들의 환심을 사려는 것이라고 비난했다. 또한 갈라디아 교인들은 놀랍도록 빠르게 복음을 떠났음을 알 수 있다. 한편, 여기서 말하는 다른 복음은 '또 하나의 복음'이 아니라 왜곡되고 변질된 복음을 의미한다. 하나님이 주신 완전한 복음은 단 하나이며, 왜곡되고 변질된 복음은 결코 복음이라 할 수 없다.

하나님께 받은 사도의 직분

※계시: 바울이 다마스쿠스로 가는 길에서 예수님을 만난 것. Link 사도행전 9:3

13 여러분은 내가 전에 유대교에 있을 때 어떤 일을 했는지 들었을 겁니다.

나는 하나님의 교회를 심하게 박해했고, 아예 없애 버리려고 했습니다.

14 나는 내 또래의 어떤 유대인보다 유대교를 지나치게 믿었고,

내 조상들의 전통을 지키는 데는 더욱 열심이었습니다.

tip 유대인의 율법

유대인의 율법은 크게 2가지로 나뉜다. 하나는 모세의 율법으로, 십계명과 같은 절대적인 지상 명령이며, 또 하나는 모세의 율법을 실제 생활에 일일이 적용하고 세분화해 지키도록 한 관습법이다. 조상들의 전통이란 후자를 가리킨다. 유대인들은 613개의 계명에 근거하여 관습법을 만들었는데 그것은 결국 사람이 만든 것이다. 바울은 조상의 전통이라는 사람이 만든 법으로 하나님의 교회를 박해한 것이다.

15 그러나 하나님은 내가 태어나기 전부터 날 선택하셔서 은혜로 부르시고,

16 그분의 아들을 **이방인에게** 전하시려고, 그를 **내 안에** 보여 주셨습니다.

그때, 나는 주변 사람들과 의논하지도 않고, 나보다 먼저 사도가 된 자들을 만나러 예루살렘으로 가지도 않았습니다.

나는 곧 아라비아로 갔다가

※이방인에게: Link 사도행전 9:15
※내 안에: 오순절 성령 강림 때처럼 내적 계시를 받았음을 의미한다. Link 사도행전 2:2 Link 요한복음 16:13
※아라비아(Arabian): 아라비아는 아주 넓은 지역인데 바울은 다마스쿠스에서 멀지 않은 곳으로 간 듯하다.

다시 다마스쿠스로 돌아갔습니다.

18 3년 뒤, 난 게바를 만나러 예루살렘으로 올라가서 그와 15일을 함께 지냈습니다.

tip 3년 뒤

3년의 시작 시점은 두 가지로 본다. 첫째는 바울이 예수님을 만난 때부터 3년이 지났다는 의견이고, 둘째는 바울이 아라비아에서 다마스쿠스로 돌아온 때부터 3년이 지났다는 의견이다. 어느 쪽이 맞는지는 알 수 없지만 중요한 것은 바울이 다마스쿠스에서 그리스도를 만난 후 예루살렘에 올라가기까지 상당한 시간이 지났다는 것이다. 바울은 그 기간 동안 자신이 받은 계시와 이방인을 향한 하나님의 뜻을 정리하며 사역을 준비했을 것이다.

※다마스쿠스(Damascus): 갈릴리 동북쪽에 있는 시리아의 고대 도시로 많은 유대인이 살고 있었다.
※게바(Cephas): 예수님의 12사도로 베드로, 시몬이라고도 불리며, 예루살렘 교회에서 중요한 역할을 했다.
※올라가서: 바울의 첫 예루살렘 방문. Link 사도행전 9:26

19 그러나 나는 주님의 동생 야고보 외에 다른 사도들은 아무도 보지 못했습니다.

20 지금 내가 여러분에게 쓰는 것은, 하나님 앞에서 거짓말이 아닙니다.

21 그 후, 나는 길리기아 지방과 시리아로 갔으므로

※야고보(James): 예수님의 친동생으로 예루살렘 교회의 공의회 의장이었다.

※바울의 이동 경로: Link 사도행전 9:30, 11:26

22 유대 지방에 있는 그리스도의 교회들은 나의 얼굴을 알지 못했습니다.

23 다만 그들은 나에 대한 소문을 들을 뿐입니다.

24 그래서 그들은 나를 두고 하나님께 영광을 돌렸습니다.

2장 예루살렘 총회

1 그로부터 14년 후, 나는 바나바와 함께 디도를 데리고 다시 예루살렘으로 올라갔습니다.

2 나는 계시를 따라 그곳에 갔고, 이방인에게 전하는 복음을 그들에게 설명하고, 지도자들에게는 따로 설명했습니다.

그것은, 내가 지금까지 달렸던 것이나 지금 달리고 있는 것이 헛되지 않게 하려던 것입니다.

※14년 후: Link 사도행전 15:2

※바나바(Barnabas): 레위 사람으로 바울의 중요한 동역자이자, '마가'의 숙부이기도 하다.

※지도자들: 베드로, 요한, 야고보 등 예루살렘의 사도들을 가리킨다.

3 몰래 들어온 거짓 형제들이 할례를 강요했지만,

나는 함께 있던 그리스인인 디도에게 할례를 강요하지 않았습니다.

그들은 몰래 들어와서 그리스도 예수 안에서 우리가 누리는 자유를 엿보고

※디도(Titus): 그리스인이며, 바울의 중요한 동역자로, 바울이 보낸 '디도서'의 수신자이기도 하다.

갈라디아서

우리를 다시 율법의 종으로 삼으려고 했습니다.
5 하지만 우리는 복음의 진리가 언제나 여러분과 함께 있게 하려고, 그들에게 잠시도 굴복하지 않았습니다.
6 지도자들은 내가 직접 받은 복음에 보태 준 것이 없습니다.

※지도자: 예루살렘 초대 교회의 지도자를 의미한다.

7 그들은 베드로가 유대인에게 복음을 전하는 일을 맡은 것처럼
내가 이방인에게 복음을 전하는 일을 맡았다는 걸 알았고,
8 베드로에게 유대인을 위한 사도직을 주신 분이, 내게 이방인을 위한 사도직을 주셨다는 것을 깨달았습니다.

9 그래서 지도자로 인정받은 야고보와 게바와 요한은 하나님이 내게 주신 은혜를 깨닫고 나와 바나바를 인정하고,
우리는 이방인에게로 가고, 그들은 유대인에게로 가기로 했습니다.
10 다만, 그들은 우리에게 가난한 자들을 기억해 달라고 했는데, 그것은 내가 본래 힘써 해오던 일이었습니다.

※게바(Cephas): 베드로의 아람어 이름으로 '반석'이라는 뜻이다.

갈라디아서

tip 예루살렘 총회

이 최초의 교회 총회는 바울이 3번째 예루살렘에 올라갔을 때 있었던 일이다. Link 사도행전 15:2 당시 예루살렘 교회에는 여전히 유대교 전통을 중시하는 그리스도인이 있었다. 그들은 이방인에게도 할례를 강요하며 교회 안에서 대립과 갈등을 일으켰다. 이에 총회에서는 이방 선교를 공식적으로 인정하고 할례(율법)를 강요하지 못하도록 결정하면서, 그것이 하나님의 뜻임을 선언했다. 바울은 이 사건을 언급하면서 갈라디아 교회의 유대주의자들을 비판하는 한편, 예루살렘 지도자들이 받은 복음과 자신이 받은 복음은 동일하며, 그들의 사도권과 자신의 사도권도 동일하며, 그들과 자신이 이루고자 하는 하나님의 뜻도 동일함을 강조한다.

베드로를 나무라다

11 그런데 베드로가 안디옥에 왔을 때 잘못한 일이 있어서 나는 그를 나무랐습니다.

※안디옥(Antioch): 시리아의 안디옥 교회는 이방 선교의 가장 중요한 전진 기지였다.

12 그것은 베드로가 이방인들과 함께 음식을 먹다가, 야고보가 보낸 유대인들이 오자 겁을 먹고 그 자리를 떠난 일입니다.

13 나머지 유대인들도 그처럼 거짓된 행동을 했고, 바나바까지도 그들에게 끌려갔습니다.
14 나는 그들이 복음의 진리에 따라 바르게 행동하지 않는 것을 보고, 모든 사람 앞에서 게바에게 말했습니다.

※유대인: 하나님 말씀(복음)에 따라 사는 유대인을 의미한다.
※이방인: 하나님 말씀도 모르고, 하나님을 두려워할 줄도 모르는 이방인을 의미한다.

tip 뿌리 깊은 유대인의 관습

유대인들은 깨끗한 것과 부정한 것, 먹어도 되는 것과 되지 않는 것을 철저히 지켰다. 그러나 이방인의 음식에는 부정한 것이 섞여 있을 가능성이 높았다. 또한 모세의 율법을 실제 생활에 적용해 세분화한 관습법도 다양했다. 음식을 먹기 전에 손을 씻어야 한다는 규정은 단지 위생 문제가 아니라 이방인과 접촉한 부정한 손으로 음식을 먹을 수 있다는 두려움이 깔려 있었다. 이러한 이유로 유대인은 오랫동안 이방인에 대한 거부감을 가져왔다. 당시 유대인들에게 이방인과의 식사는 상상할 수 없는 죄악을 저지르는 행위였다. 그러나 그리스도의 죽음으로 구약의 율법은 완성되었고, 이방인과의 식사도 아무런 문제가 되지 않았다. 앞서 예루살렘 총회에서는 율법에서의 자유를 선언했다. 하지만 예루살렘 교회의 지도자인 베드로조차 과거의 관습에서 벗어나지 못했고, 이는 많은 그리스도인에게 영향을 미칠 수 있는 중요한 문제였다.

모두가 믿음으로 구원받다

15 우리는 본래 유대인이고 이방 죄인이 아닙니다.

※이방 죄인: 당시 통상적으로 유대인들이 사용하던 용어였다.

16 어차피 사람이 의롭다는 것은 율법을 지켜서 얻는 것이 아니라 오직 예수 그리스도를 믿음으로 얻는 것입니다. 우리는 그 의로움을 얻기 위해 그리스도를 믿은 것입니다. 율법을 지켜서 의로움을 얻을 수 있는 사람은 없습니다.

※저주: Link 신명기 27:26

※정죄: 그리스도 안에 있는 자들은 정죄 받지 않는다. Link 로마서 8:1

※벌: 아버지가 벌하지 않는 자식이 어디 있느냐. Link 히브리서 12:7

※율법: 율법은 스스로 죄인임을 깨닫게 할 뿐이다. Link 로마서 3:20

※죽었으니: 바울은 교만하고 자존심 강했던 유대인이자 바리새인이었던 자신은 죽었다고 고백한다.

tip 오직 믿음

여기서는 '오직 믿음으로써 의롭게 된다'고 하는 이신득의(以信得義)라는 그리스도교의 중요한 교리를 다룬다. 모세의 율법과 조상의 전통이라는 이름으로 사람이 만든 관습법을 지키려는 노력으로는 의로움을 얻을 수 없다. 모든 사람은 죄인이므로 스스로의 노력으로는 의롭게 될 수 없다. 이에 하나님은 그리스도를 통해 믿음으로 의롭게 될 수 있는 길을 열어 주셨다. 사람의 죄를 대신하여 십자가에서 죽으신 그리스도에 대한 믿음만이 의로움으로 가는 유일한 통로이며, 구원의 길이다. 여기서 '의롭게 된다'는 것은 완전하게 의롭게 된 것이 아니라 하나님이 의롭다고 인정해 주시고 의로움으로 가는 길을 열어 주신 것뿐이다. 우리는 의로움을 향해 계속 가야 한다.

3장 믿음과 율법

※듣고: 믿음은 듣는 것에서 난다고 했다. Link 사도행전 15:7 Link 로마서 10:17

※아브라함(Abraham): 아브라함은 할례를 받기 전에 이미 의롭다고 인정받고 축복받았다. Link 로마서 4:10

※아브라함의 자손: 당시 유대인들은 자신들만 아브라함의 자손이라고 생각했다.

※복음: Link 창세기 12:3, 18:18, 26:4

※율법에~: Link 신명기 27:26

※죄인이라는: Link 로마서 4:15, 5:16

갈라디아서

11 하나님 앞에서는, 아무도 율법으로 의롭
게 되지 못한다는 것이 분명합니다.

12 율법은 믿음에서 생긴 것이 아닙니다.

13 그리스도는 우리를 대신해 저주를 받으
시고 우리를 율법의 저주에서 건져 내셨
습니다.

※믿음 : 하나님의 의로움은 믿음으로 나타난다. Link 로마서 1:17

14 그것은, 아브라함에게 내리신 복을 예수
그리스도를 통해 이방인에게 미치게 하
시고,

우리의 믿음으로 약속하신 성령을 받게
하시려는 것입니다.

※성령을 받게 : Link 요한복음 14:16 Link 누가복음 24:49 Link 사도행전 1:4

tip 율법의 한계

율법으로 구원을 받으려는 사람은 '율법의 모든 말씀을 지키지 않는 자는 저주를 받을 것이다'와 Link 신명기 27:26 '율법을 따르는 사람은 율법으로 살 것이다'라는 Link 레위기 18:5 위험에 노출되어 있다. 전자는 율법의 모든 말씀을 지킨다 해도 단 하나의 율법만 어기면 저주에 놓이게 된다는 것이다. 모든 사람은 반드시 율법을 지켜야 하지만 인간의 능력으로는 도저히 다 지킬 수 없으므로 율법은 사람의 죄를 드러내고 저주에 빠지게 할 뿐이다. 후자는 율법을 따르는 사람은 계속 율법을 지켜야만 살 수 있다는 것으로, 결국 그 끝에는 율법으로 드러난 죄와 저주가 기다리고 있을 뿐이다. 이에 그리스도께서는 십자가의 피로 율법의 종인 우리의 죗값을 치르시고 대신 저주를 받으셨는데, 그 이유는 아브라함의 복이 모든 민족에게 미치게 하려는 것과 믿는 자들이 약속된 성령을 받게 하려는 것이다.

아브라함에게 하신 약속

15 형제들이여. 사람끼리의 약속이라도 확
정하고 난 다음에는 누구도 그것을 취소
하거나, 변경할 수 없습니다.

16 하나님이 아브라함과 그 자손에게 약속
하셨습니다. 그런데 여러 명을 가리켜
'자손들에게'라고 하지 않으셨습니다.

단 한 사람을 가리켜 '자손에게'라고 하셨
죠. 그는 곧 그리스도이십니다.

17 내 말은, 하나님께서 이미 맺으신 약속을,
430년 뒤에 생긴 율법이 취소할 수 없다
는 것입니다.

18 우리가 받을 복이 율법에서 난 것이면, 하
나님의 약속에서 난 것이 아닌 게 됩니다.

※자손에게 : Link 창세기 12:7, 13:15, 17:8, 24:7

※430년 : Link 출애굽기 12:40 에 근거한 것으로 대략 아브라함 때부터 모세가 율법을 받을 때까지를 의미한다.

그러나 하나님께서는 약속을 통해서 아브라함에게 복을 주셨습니다.

tip 하나님의 약속

하나님은 모세에게 율법을 주시기 430년 전에 이미 아브라함을 통해 모든 민족이 복을 받을 것이라는 약속을 하셨으며, 이는 그의 단 한 명의 자손, 곧 예수 그리스도를 가리킨다. 그 약속은 그리스도를 통해 모든 민족이 복(구원)을 받는 것으로 이어져 성취되었다. 그 약속은 하나님의 은혜로 그리스도에 대한 믿음을 통해 구원으로 이어지지만, 율법은 사람의 행위로 이루어져 구원받을 수 없으며, 죄를 드러내 저주에 빠지게 할 뿐이다.

율법의 목적

그것은 천사들을 통해서 한 중개자의 손을 빌려 만들어졌습니다.
20 그런데 율법은 중개자가 필요했지만, 약속은 하나님이 직접 정하신 겁니다.

※천사들: Link 신명기 33:2 Link 사도행전 7:53
※중개자: 모세.

율법이 생명을 줄 수 있었다면, 의롭게 되는 것도 율법을 통해 이루어졌을 것입니다.
22 그러나 율법은 모든 것을 죄 아래에 가두었습니다.
그것은 예수 그리스도를 믿고, 하나님의 약속을 믿는 사람들에게 복을 주기 위해서입니다.

※곳: 예수 그리스도.

23 믿음이 오기 전까지 우리는 율법 아래에 매여서 갇혀 있었습니다.
24 율법은 그리스도가 오실 때까지 가정 교사의 역할을 했습니다.
그것은 우리가 믿음으로 의로움을 받게 하려고 준비한 것입니다.

※믿음: 예수 그리스도.

갈라디아서

25 그런데 그 믿음이 왔으므로, 우리는 이제 가정 교사가 필요하지 않습니다.

tip 율법을 주신 이유

하나님이 모세를 통해 율법을 주시기 전에는 사람들은 죄가 무엇인지 몰랐고, 죄를 지어도 죄인지 알지 못했다. 그래서 하나님은 죄를 알게 하시려고 율법을 주셨다. 약속과 율법은 목적이 달랐다. 율법은 불완전한 죄인을 그리스도에게 인도하고, 약속은 그리스도 안에서 의를 얻게 하여 구원으로 이끈다. 그러므로 그리스도가 이 땅에 오심으로써 율법의 임무는 끝났고, 율법은 이제 그리스도 안에 있는 하나님의 자녀들을 붙잡아 둘 수 없다.

하나님의 자녀들1

26 여러분은 모두 그 믿음으로 그리스도 예수 안에서 하나님의 자녀들입니다.

※그 믿음: 아브라함의 믿음.

27 여러분은 모두 그리스도와 하나가 되어 세례를 받았고, 그리스도를 옷으로 입었습니다.

※옷: 옛 사람을 버리고 성령으로 새로 태어나는 것을 의미한다. Link 이사야 61:10 Link 에베소서 6:11

28 거기에는 유대인과 그리스인, 노예와 자유인, 남자와 여자도 없습니다. 여러분 모두는 그리스도 예수 안에서 하나이기 때문입니다.

29 여러분이 그리스도께 속한 사람이면, 곧 아브라함의 자손이요, 약속에 따라 정해진 상속자들입니다.

4장 하나님의 자녀들2

1 상속자는 모든 것의 주인이 되겠지만, 어릴 때는 종과 다름이 없어서

2 아버지가 정해 놓은 때까지는 후견인과 관리인의 지시를 받아야 합니다.

3 그처럼 우리도 어릴 때에는 세상의 헛된 지식에 따라 종노릇을 했습니다.

4 그러나 정한 때가 되자 하나님은 자기 아들을 보내어 여자에게서 태어나게 하시고 율법 아래에 살게 하셨습니다.

※때까지: 로마에서는 14세까지 후견인이 있었고, 25세부터 재산권을 행사했으나 시기는 아버지 재량에 따라 달랐다.

※헛된 지식: 그리스도의 사상이나 별 숭배와 같은 이단 종교와 유대인의 율법주의 등을 가리킨다.

※율법 아래: Link 누가복음 2:21 Link 누가복음 2:41

갈라디아서

※아버지: 구약 때 이스라엘 사람들은 하나님을 '아버지'라고 부른 적이 있었지만 예수님 당시에 그렇게 부르는 사람은 없었다. Link 출애굽기 4:22 Link 이사야 63:16 Link 예레미야 3:19

tip 여자에게서 태어나신 예수

바울은 예수님이 완전한 사람의 몸으로 태어나 그때부터 하나님이 주신 율법을 지킬 의무를 가지고 살았다고 한다. 실제 예수님은 태어나신 지 8일 만에 할례를 받으시고, Link 누가복음 2:21 어릴 때부터 유월절을 지키셨다. Link 누가복음 2:41 예수님이 그렇게 하신 이유는, 율법 아래에서 죄인이 된 사람들을 구원하시고, 하나님의 아들로 삼으려는 것이다. 이는 요한복음의 말씀에도 잘 드러나 있다. Link 요한복음 1:12, 6:40 또한 예수님으로 인해 구원받은 우리가 하나님을 아버지라고 부를 수 있는 것은, 예수님이 약속하신 성령 Link 요한복음 14:16 이 우리 안에서 우리가 하나님의 자녀가 되었음을 증명하시기 때문이다. Link 로마서 8:14-16

갈라디아 사람들에 대한 염려

※날, 달, 절기, 해: 유대의 전통적인 안식일, 금식일, 아빕월, 시브월, 유월절, 오순절, 수전절, 안식년, 희년 등을 말한다.

※병든: Link 사도행전 13:13 의 상황으로 당시 바울의 병이 무엇인지는 알 수 없다.

※나의 자녀들: 갈라디아 사람들이 바울에게 배우고 성장했다는 걸 상기시킨다.

tip 갈라디아 사람들

그들은 완전한 율법주의자가 되어 복음을 버린 것이 아니라 율법주의로 기울어 가는 중이었던 것으로 보인다. 이에 바울은 율법에서 구원을 찾는 그들의 헛된 노력을 나무라고, 그들도 자신처럼 율법의 억압에서 벗어나 그리스도 안에서 참된 자유를 찾길 바란다. 그리고 갈라디아 사람들이 자신에게 보여 준 헌신과 복음을 받을 때 느꼈던 열성과 감동을 상기시키고, 거짓 선생들의 불순한 의도를 경고한다. 바울은 복음을 가르쳐 성장시킨 갈라디아 사람들에게 깊은 사랑을 가지고 있으며, 그들이 잘못된 길에서 돌아오길 간절히 바라고 있다.

하갈과 사라

※성경: Link 창세기 16:15 Link 창세기 21:2

※언약: 시내 산에서 모세가 받은 율법을 의미한다

※하갈(Hagar): 사라의 종으로 아브라함의 첩이 되어 이스마엘을 낳았다.

※사라(Sarah): 아브라함의 아내로 하나님의 약속을 받아서 이삭을 낳았다.

※성경: Link 이사야 54:1

※박해한 것: Link 창세기 21:9

※성경: Link 창세기 21:10

31 그러므로 형제들이여, 우리는 여종의 자녀가 아니라, 자유인인 사라의 자녀입니다.

tip 약속의 자녀

하갈은 율법과 유대인이 지배하는 지금의 예루살렘을 상징하고, 사라는 하나님의 약속과 믿음으로 세워진 하늘의 예루살렘을 상징한다. 하나님은 사라에게 아들을 낳을 것이라고 하셨다. Link 창세기 18:10 그리고 사라는 나이가 많음에도 불구하고 이삭을 낳았는데, 그것은 하나님의 약속이었다. 또 하나님은 믿음의 자녀들이 번성하고 승리할 것이라고 약속하셨다. Link 이사야 54:1 그것은 이삭이 태어날 것이라는 약속이 이루어졌던 것처럼 그 또한 반드시 이루어질 약속이다. 그러므로 그리스도 안에 있는 갈라디아 사람들도 하나님의 약속으로 태어난 사라의 자녀, 아브라함의 자녀, 믿음의 자녀, 약속의 자녀다. 또한 하갈의 아들 이스마엘이 사라의 아들 이삭을 괴롭히다가 결국 쫓겨났듯, 지금 율법 아래에 있는 자들이 약속의 자녀들을 핍박하지만 결국 쫓겨날 것이다. Link 창세기 21:10

5장 그리스도인의 자유

1 그리스도께서 우리를 해방시켜 자유를 주셨으니, 굳게 서서 다시는 율법의 멍에 매이지 마십시오.

2 나 바울이 말합니다. 여러분이 할례를 받으면, 그리스도는 여러분에게 아무 소용이 없습니다.

3 내가 할례를 받은 사람들에게 다시 증언합니다.

그런 사람은 율법 전체를 지켜야 할 의무를 지게 됩니다.

4 율법으로 의롭게 되려는 사람은 그리스도와의 관계가 끊어지고, 하나님의 은혜에서 떨어집니다.

※증언: 율법의 모든 말씀을 지키지 않는 자는 저주를 받을 것이다. Link 신명기 27:26

※전에: Link 사도행전 16:4

5 그러나 우리는 성령을 통해 믿음으로 의롭게 되기를 소망하고 있습니다.

※믿음으로: 믿음으로 구원받고, 구원은 하나님의 선물이다. Link 에베소서 2:8

6 그리스도 예수 안에서는 할례를 받든 안 받든 상관없으며, 오직 사랑으로 드러나는 믿음만 중요할 뿐입니다.

※사랑: 구원에는 믿음이 필요하고 믿음은 사랑(행위)을 열매로 맺는다. Link 야고보서 2:26

7 여러분은 지금까지 잘 달려왔는데, 누가
여러분을 막아 진리를 따르지 못하게 합
니까?

8 그런 음모는 여러분을 부르신 분에게서
나온 것이 아닙니다.

9 적은 누룩이 반죽 전체를 부풀게 합니다.

10 나는 여러분이 조금도 다른 마음을 품지
않을 것을 주님 안에서 확신합니다.

그러나 여러분을 혼란에 빠뜨린 사람은
누구든지 심판을 받을 것입니다.

11 형제들이여, 내가 할례를 전한다면 왜 아
직도 핍박을 받겠습니까?

내가 할례를 전했다면 십자가를 전하는
어려움도 없었을 것입니다.

12 여러분을 혼란에 빠뜨리는 자들은 차라
리 몽땅 잘라 버렸으면 좋겠습니다.

13 형제들이여, 하나님은 여러분을 자유롭
게 하려고 부르셨습니다.

여러분은 그 자유를 육체의 욕망을 채울
기회로 삼지 말고, 사랑으로 서로를 섬기
십시오.

14 모든 율법은 '네 이웃을 네 몸과 같이 사
랑하라' 하신 말씀에 다 들어 있기 때문입
니다.

15 여러분이 서로 헐뜯고 해친다면 다 같이
멸망할 것이니 조심하십시오.

※말씀 : Link 마태복음 22:39-40

갈라디아서

tip 자유와 사랑

여기서 '자유'란 일상생활의 자유가 아니라 율법의 굴레에 갇힌 죄인에서 벗어난 영적 자유를 뜻한다. 그리스도께서는 우리의 죗값을 대신해 죽으셨기 때문에, 하나님은 그리스도를 믿는 우리를 얼마든지 용서하신다. Link 로마서 8:1 하지만 그런 하나님의 은혜를 악용해서 두려움 없이 죄를 짓는 자는 용서받지 못한다. Link 히브리서 10:29 하나님이 외아들 그리스도를 희생시켜서 우리의 죗값을 치르신 목적은 우리가 율법의 굴레에서 벗어나 다시는 죄를 짓지 않게 하려는 데 있다. 그러므로 진실로 그리스도를 믿는 자는 죄에서 멀어지며, 죄를 짓는다면 하나님의 계획을 거스르는 죄까지 짓게 된다. 한편, 모든 율법의 참뜻은 '사랑'에 있다고 했다. 그 사랑은 그리스도를 믿는 믿음을 통해 자연스럽게 맺는 열매다. 사랑이 없이 율법을 지키는 것은 참된 것이 아니고, 사랑을 가지고 율법을 어기는 것도 참된 것이 아니다. 하지만 율법주의자들은 사랑이 없이 습관적으로 율법을 따를 뿐이다. 사랑이 없는 그들은 율법의 참뜻을 잃고 불의한 다툼만 일으킨다.

성령을 따라

16 여러분은 성령을 따라 살아야 합니다. 그
러면 육체의 욕망을 따라 살지 않을 것입
니다.

17 육체의 욕망은 성령과 맞지 않고, 성령은
육체와 맞지 않습니다.

이 둘은 서로 적대적이어서 그때그때 선
택하면서 살 수는 없습니다.

18 성령이 이끄시는 대로 살면 여러분은 율
법 아래에 있는 것이 아닙니다.

※용서: 그리스도 안에 있는 자들은 정죄받지 않는다. Link 로마서 8:1

19 육체가 원하는 것은 분명합니다.

여러분에게 다시 경고합니다. 그런 짓을
하는 사람들은 하나님의 나라를 상속받
지 못할 것입니다.

22 그러나 성령이 원하는 열매는 아래와 같습니다.

이런 것을 하는 데 율법은 아무 도움이 되
지 않습니다.

24 그리스도의 사람들은 죄악과 욕망과 함께 자기의 육체를 십자가에 못 박았습니다.

25 우리는 성령으로 새 생명을 얻었으므로 성령을 따라 살아야 합니다.

26 그러니 우리는 헛된 영광을 쫓으며 서로 다투거나 질투하지 않도록 합시다.

tip 성령을 따른다는 것

율법주의자들은 사람의 힘으로 율법을 하나하나 지키려 하지만 모든 율법을 다 지킨다는 건 사람의 노력으로 불가능하다. 결국 죄만 드러나고 저주에 놓일 뿐이다. 그러나 믿음으로 성령의 도움을 받는 그리스도인은 다르다. 그들의 믿음으로 나타난 사랑은 율법의 명령을 짐으로 여기지 않고 자연스럽게 따르게 하며, 성령의 도움을 받아 의지를 굳게 한다. 사람의 한계로 나타나는 부족함에도 하나님은 그들을 버리지 않으신다. Link 로마서 8:1 그 모든 것은 그들이 율법 아래에 있지 않고 하나님의 은혜 아래에 있기 때문이다. 또한 그리스도인들은 그리스도와 함께 옛 사람이 죽고 새 사람으로 태어나 성령을 따라 살아야 한다. 성령은 육체의 욕망을 억제하고 꺾어, 그들이 하나님의 뜻대로 거룩하게 살게 한다.

6장 자신의 책임을 다해라

1 형제들이여, 누군가의 잘못이 드러난다면, 성령을 따라 사는 여러분은 온유한 마음으로 그를 바로잡아 주고,

※잘못: 고의적이고 계획적인 죄가 아니라 우발적이고, 무지로 인한 죄를 의미한다.

여러분도 스스로를 살펴서 유혹에 빠지지 않도록 조심하십시오.

2 여러분은 서로의 짐을 지십시오. 그리하여 그리스도의 법을 이루시오.

※그리스도의 법: 이웃 사랑.

3 아무것도 아닌 사람이 대단한 사람인 것처럼 행동한다면 그는 자신을 속이는 것입니다.

4 각자 자기의 일을 살피시오. 그러면 자기에게 자랑거리가 있더라도, 남에게까지 자랑할 것은 없습니다.

5 그러니 누구나 하나님께 받은 자신의 책임을 다해야 합니다.

※사랑하라고: Link 요한복음 13:34, 15:12

6 하나님의 말씀을 배우는 이는 가르치는 이와 모든 좋은 것을 함께 나누어야 합니다.

※율법의 완성: Link 로마서 13:10

※육체를 위해: 사람의 이기심과 욕심.

※성령을 위해: 성령의 뜻을 따른 사랑과 선행.

※거둘 때: 마지막 심판의 날을 의미한다.

tip 하나님께 받은 책임

여기서 하나님께 받은 책임은 사랑이며, 더 나아가 사랑을 실천하는 선행이다. 그런데 율법주의자들은 사랑과 선행은 등한시한 채 율법을 모두 지켰다는 교만으로 이웃의 실수와 비교해서 자신의 우월함을 자랑했다. 이는 율법의 완성은 사랑이라는 하나님의 뜻을 정면으로 거스르고 하나님을 속이는 행위이다. 이에 바울은 각 성도들에게 하나님께 받은 책임을 강조하며, 그 책임에 따라 서로의 짐을 질 의무가 있다고 한다. 또 영원한 생명을 거둘 때까지 낙심하거나 포기하지 말고 성령을 따르라고 말한다.

할례와 그리스도의 십자가

갈라디아서

※이스라엘(Israel): 거듭나 새 사람이 되는 하나님의 백성, 새로운 이스라엘을 의미한다.

※흔적: 바울의 육체적 고난의 흔적들.
Link 고린도후서 11:22-27

tip 위선적인 율법주의자들

갈라디아 교회의 율법주의자들은 전통적인 유대주의자들과 달리 진정으로 율법을 지키기보다 자신의 욕심에 따라 겉치레만 신경 쓰는 기회주의자들이었다. 할례도 단지 자신의 이익을 위해 강조할 뿐이다. 그들은 예수님을 예언자 중의 한 사람으로는 인정하면서도 그의 십자가는 부정했다. 그 이유는 첫째, 십자가는 유대인들이 세운 율법의 권위와 구원을 부정하고 자신들을 죄인으로 인정하게 만들었기 때문이고, 둘째, 성경에서 나무에 매달려 죽은 자는 저주받은 자라고 했기 때문에 예수님을 구세주로 인정할 수 없었고, 셋째, 그리스도의 십자가를 전하게 되면 할례를 부정해야 하므로 전통적인 유대인들의 핍박을 각오해야 했기 때문이다. 그들에게는 그리스도나 율법보다 자신들의 이익이 더 중요했다.

고린도전서

1장 인사

1 하나님의 뜻으로 그리스도 예수의 사도로
부르심을 받은 나 바울과 형제 소스데네가,

2 고린도에 있는 하나님의 교회,

곧 그리스도 예수 안에서 거룩하게 된 성도들과 각처에서 우리 주 예수 그리스도의 이름을 부르는 모든 이에게 편지를 씁니다.

※소스데네(Sosthenes): 고린도에서 바울을 고발했던 자로 고린도 유대인 회당의 회당장으로 본다. Link 사도행전 18:17

3 하나님 우리 아버지와 주 예수 그리스도
가 주시는 은혜와 평화가 여러분에게 있
길 바랍니다.

tip 고린도전서 1CORINTHIANS

본서신은 바울이 3차 전도 여행 중에 에베소에서 작성했다. Link 3권 94p 아가야 주의 대표적인 도시인 고린도는 인구 60만 명의 그리스 최고의 무역, 상업 도시로 물질적으로는 풍요로웠지만 수많은 이방인들과 우상 숭배와 도덕적 타락으로 무질서한 환락의 도시였다. 그로 인해 고린도 교회 역시 많은 문제를 안고 있었는데 바울은 그 문제에 대한 질문을 받고 '교회 문제 해결을 위한 답변서'라고도 하는 본서신을 작성해 보냈다.

4 나는 하나님이 그리스도 예수 안에서 여
러분에게 주신 은혜에 항상 감사를 드립
니다.

5 여러분은 그리스도 안에서 말씀과 지식
으로 모든 면에서 풍족하게 되었고,

※말씀과 지식: 하나님의 말씀과 그리스도에 대한 지식을 의미한다.

6 그리스도에 대한 증언을 굳게 믿게 되었
습니다.

※증언: 바울은 2차 전도 여행 때 고린도에 1년 6개월을 머물렀다. Link 사도행전 18:11

7 그리하여 여러분은 은혜의 선물에 부족
함이 없이 우리 주 예수 그리스도가 나타
나실 것을 기다리고 있습니다.

※은혜의 선물: 성령의 영적인 능력으로 나타나는 믿음, 지식, 기적, 방언, 예언 등.

tip 바울의 감사

타락하고 무질서한 고린도 교회는 많은 문제를 안고 있었고, 바울은 그에 대한 답을 쓰고 있다. 그러나 그는 하나님을 향한 감사로 편지를 시작한다. 비록 문제가 많았지만 그들은 여전히 믿음을 지키며 그리스도가 오실 날을 기다리고, 하나님의 영적인 선물도 풍성하게 받고 있었다. 이미 그들의 삶 곳곳에 미치는 하나님의 손길을 언급한 바울은 심판의 날까지 우리를 지켜 주실 신실한 하나님을 의지하라고 강조한다.

※주: 하나님으로 보는 것이 타당해 보인다.

고린도 교회의 분쟁

※글로에(Chloe): 이곳에만 등장. 상업에 종사하고, 고린도 교회에 속한 여성으로 짐작된다.

※아볼로(Apollos): 그는 에베소에 왔다가 고린도로 가서 복음을 전했다. Link 사도행전 18:27

※게바(Cephas): 12사도 중에 하나인 베드로의 다른 이름이다.

※그리스보(Crispus): 고린도의 유대교 회당의 회당장 Link 사도행전 18:8

※가이오(Gaius): [로마서 16:23]과 [요한3서 1:1]의 사람과 동일 인물로 본다.

※스데바나(Stephanas): 바울은 그가 아가야 지방에서 최초로 믿은 사람이라고 했다. Link 고린도전서 16:15

17 그리스도께서는 세례를 주라고 나를 보내신 것이 아니라, 복음을 전하라고 보내신 것입니다. 복음을 전하되, 사람의 지혜로 하지 않은 것은 그리스도의 십자가가 헛되지 않게 하려는 것입니다.

tip 바울의 세례와 감사

고린도 교회는 여러 파벌로 나뉘었고, 각 당파의 지도자들은 세력을 확장하려고 경쟁적으로 세례를 베풀었다. 그들은 세례의 참 의미를 잊고 세력 확장의 수단으로 삼았다. 이에 바울은 자신의 사명이 세례가 아니라 복음 전파에 있었기에 몇몇에게만 세례를 베풀었고 세력을 만들지도 않았다. 만약 바울이 많은 세례를 베풀었다면 큰 파벌이 형성되어 곤경에 빠졌을 것이다. 바울은 하나님의 인도로 그런 곤경에 빠지지 않은 것에 감사한다.

하나님의 능력과 지혜

18 십자가의 길이 멸망할 자들에게는 어리석은 것이지만, 구원을 받는 우리에게는 하나님의 능력입니다.
19 성경에 이렇게 기록되어 있습니다.

※십자가의 길: 십자가의 말씀을 가리키며, 십자가를 통해 인류가 구원받는 복음을 의미한다.
※성경: Link 이사야 29:14

20 현자가 어디에 있습니까? 학자가 어디에 있습니까? 이 시대의 철학자가 어디에 있습니까? 하나님께서 이 세상의 지혜를 어리석게 하신 것이 아닙니까?
21 하나님은 이 세상의 지혜로는 하나님을 알지 못하게 하시고,

그들에게 어리석게 들리는 말씀을 통하여 믿는 자들을 구원하시기를 기뻐하십니다.
22 유대인은 기적을 요구하고, 그리스인은 지혜를 찾으나,
23 우리는 십자가에 못 박힌 그리스도를 전합니다.

고린도전서

그것은 유대인에게는 거부하는 일이고,
이방인에게는 어리석은 일입니다.

24 그러나 부르심을 받은 유대인이나 그리
스인에게 그리스도는 하나님의 능력이
요, 하나님의 지혜입니다.

25 하나님의 어리석음이 사람의 지혜보다
더 지혜롭고, 하나님의 약함이 사람의 강
함보다 더 강합니다.

26 형제들이여, 여러분이 부르심을 받을 때
의 처지를 생각해보십시오.

사람의 기준으로 지혜로운 자도 많지 않
았고, 권력자도 많지 않았고, 귀족도 많지
않았습니다.

27 그러나 하나님은 세상의 어리석은 것들
을 택하셔서 지혜로운 자들을 부끄럽게
하시고,

세상의 약한 것들을 택하셔서 강한 것들
을 부끄럽게 하셨습니다.

28 하나님은 세상의 천한 것들과 멸시받는
것들과 없는 것들을 택하셔서 가진 것들
을 없애려고 하십니다.

29 이는 그 누구도 하나님 앞에서는 자랑하
지 못하게 하시려는 것입니다.

30 그러나 여러분은 하나님으로부터 나서
그리스도 예수 안에 있고,

그는 하나님으로부터 우리에게 오셔서
지혜와 의로움과 거룩함과 구원이 되셨
습니다.

31 그것은 성경에 기록된 것처럼 하려는 것
입니다.

※성경: Link 예레미야9:24

tip 지혜, 의로움, 거룩함, 구원

'의로움'은 본질적으로 하나님의 속성이며, 우리가 그분의 말씀을 따라 그리스도의 십자가를 믿을 때 하나님께서 우리를 의롭다고 인정해 주신다. '거룩함'은 우리가 부정과 불의에서 벗어나 그리스도 안에서 하나님의 자녀가 되었다는 것이며, '구원'은 하나님께서 그리스도의 피로 인간의 죗값을 치르시고 구원의 길을 열어 주셨다는 것이다. 하나님의 '지혜'는 그분의 말씀에 담겨 있다. 그리스도는 그분의 말씀(지혜)으로 우리에게 오셔서 '의로움'과 '거룩함'과 '구원'이 되셨다.

2장 십자가에 못 박히신 그리스도

1 형제들이여, 내가 여러분에게 가서 하나님의 비밀을 전할 때에 뛰어난 언변이나 지혜로 전하지 않았습니다.

※가서: 바울은 2차 전도 여행 중에 고린도에서 1년 6개월을 머물렀다. Link 사도행전 18:1
※비밀: 하나님의 말씀, 즉 복음을 가리킨다.

2 나는 여러분이 예수 그리스도 곧 십자가에 못 박히신 그분만 알기를 원했습니다.

3 그렇지만 내가 여러분과 함께 있을 때, 약했고, 두려웠고, 무척 떨었습니다.

4 나의 말과 설교는 사람의 지혜에서 나온 것이 아니라 성령의 능력으로 한 것인데,

5 그로 인해, 여러분의 믿음이 사람의 지혜에 있지 않고 하나님의 능력에 있게 한 것입니다.

tip 성령의 능력으로

바울은 2차 전도 여행에서 아덴을 거쳐서 고린도로 갔다. 아덴의 광장에서는 다양한 민족의 사람들이 문학, 철학, 종교, 과학 등 수많은 주제를 두고 논쟁했다. 이에 바울은 그들의 눈높이에 맞춰서 설교했지만 Link 사도행전 17:22~31 그다지 좋은 결과를 얻지 못한 것으로 보인다. 그 후 고린도에 도착한 바울은 성령의 능력에 의지해서 하나님의 복음과 십자가에서 죽으신 그리스도만을 전하는 것이 가장 바람직한 방법임을 깨닫는다.

성령의 지혜

6 그러나 믿음이 완전한 자들 중에서는 지혜를 말하기도 합니다.

※완전한 자: 성경에 의해 깨달음을 얻고 구원받은 자들을 가리킨다.

그것은 이 세상의 지혜나 이 세상에서 멸망해서 없어질 권력자들의 지혜가 아닙니다.

7 우리는 오직 비밀로 감추어진 하나님의 지혜를 말합니다.

그것은 하나님께서 우리를 영광스럽게 하시려고, 영원 전에 미리 정하신 지혜입니다.

8 이 세상 권력자 중에는 이 지혜를 아는 사람이 하나도 없습니다.
시험이 왜 이렇게 어렵냐?
통 모르겠네.
헤롯
가야바
빌라도
만약 알았더라면 영광의 주님을 십자가에 못 박지 않았을 것입니다.
너희 모두 교무실로 와.
헉, 큰일 났다!
또 엄마 오라고 하면 어떡하지?
※영광의 주님: 그리스도의 신성을 나타낸다.
9 성경에 이렇게 기록되어 있습니다.
하나님이 자기를 사랑하는 자들을 위해서 준비하신 것을, 눈으로 보지 못하고, 귀로 듣지 못하고, 마음으로 생각하지도 못하게 했다!
선물이 어디 있어?
우리가 속았어.
※성경: Link 이사야 64:4, 65:17
10 그렇지만 하나님은 성령을 통해서 그것을 우리에게 보여 주셨습니다.
선물은 여기 있네.
오, 정말.
뭐래?
아무것도 없었는데?
※우리: 바울을 비롯한 모든 사도를 의미하지만 넓은 의미로 모든 그리스도인을 가리킨다.
성령은 모든 것을 살피시니, 곧 하나님의 깊은 속까지도 살피십니다.
THE BIBLE
난 하나님 전문가야.
11 그 사람의 생각을 그 사람 속에 있는 영이 아니면 누가 알겠습니까?
내가 무슨 생각하는지 알아?
당연히 모르지. 남의 속을 어떻게 알겠어?
그처럼 하나님의 생각도 하나님의 영이 아니면 누구도 알지 못합니다.
하나님의 영이 우리에게 들어오면 어떻게 되지?
우리도 하나님의 생각을 알게 될까?
12 우리는 세상의 영이 아니라, 오직 하나님에게서 오신 성령을 받았습니다.
그것은, 하나님이 우리에게 은혜로 주신 선물들을 우리가 알게 하시려는 것입니다.
안 보이던 게 보이네.
이게 하나님의 계획?
13 우리가 이 선물들을 전할 때, 사람의 지혜로 배운 말로 하지 않고, 오직 성령께 배운 말로 합니다.
성령에 속한 것은 성령으로 설명해야 하기 때문이야.
14 그러나 육신에 속한 사람은 하나님의 성령에 속한 일들을 받아들이지 못합니다.
쿵, 내가 박사 학위만 5개야.
난 백 년을 살았어.
난 IQ 200이야.
그에게는 이런 일들이 어리석은 일이며, 이해할 수도 없습니다. 이런 일들은 영적으로만 구별되기 때문입니다.
수학적으로 과학적으로 설명해 봐.
백 년을 살아도 처음 듣는 말이야.
내 머리로도 풀 수 없으면 아닌 거야.

15 성령에 속한 사람은 모든 것을 판단하지만, 세상 사람은 그를 판단하지 못합니다.

16 성경에는 '누가 주의 마음을 알아서 그분을 가르치겠느냐?'라고 했지만 우리는 그리스도의 마음을 알고 있습니다.

※성경 : Link 이사야 40:13

tip 우리가 알게 하시려고

하나님이 보내신 성령이 우리에게 오신 이유는, 우리가 그동안 보지도 못하고 알지도 못했던, 하나님이 준비해 두신 선물들을 알게 하시려는 것이다. 하나님은 성령을 통해 사람들에게 계시하시고, 그 계시를 깨닫게 하신다. 다만 사람들이 하나님의 뜻을 완전히 깨닫지 못하는 것은 사람의 이성이 불완전하기 때문이다. 따라서 우리가 성령을 통해 하나님의 뜻을 알고, 그리스도의 마음을 안다 해도 모든 것을 온전히 알 수 있는 것은 아니다.

3장 모두 하나님의 일꾼

1 형제들이여, 나는 성령에 속한 사람에게 하듯이 여러분에게 말할 수 없어서,

육신에 속한 사람, 곧 그리스도 안에서 어린아이에게 하듯이 말했습니다.

2 나는 여러분에게 젖을 먹였을 뿐, 단단한 음식을 먹이지는 않았습니다.

여러분은 단단한 음식을 감당할 수 없고, 지금도 그것을 감당할 수 없으니 아직 육신에 속한 사람들입니다.

3 여러분에게 시기와 분쟁이 있다는 것은 여러분이 육신에 속해서 사람의 방식대로 산다는 것입니다.

4 이처럼 다투니, 여러분이 육신에 속한 것이 아니면 무엇입니까?

5 그러면 아볼로는 누구고, 바울은 누구입니까?

※아볼로(Apollos) : 그는 에베소에 왔다가 고린도로 가서 복음을 전했다. Link 사도행전 18:27

우리는 주께서 맡겨 주신 대로 여러분을 믿게 한 일꾼들이 아닙니까?

6 나는 심고, 아볼로는 물을 주었지만 자라게 하신 분은 하나님이십니다.

※전했고 : Link 사도행전 18:11
※가르쳤어 : Link 사도행전 19:1

7 그러므로 심는 자나 물 주는 자는 아무것도 아니고, 오직 자라게 하시는 하나님만이 중요십니다.
나머지는 하나님이 다 하실 거야.
8 심는 자와 물 주는 자는 하나이며, 각각 수고한 만큼 자기의 값을 받을 것입니다.
우린 같은 분이 시키는 같은 일을 하는 거야.
월급도 받고, 보너스도…
9 우리는 하나님의 일꾼이요, 여러분은 하나님의 밭이며, 하나님의 집입니다.
이 젖먹이들을 좀 챙겨 볼까?
댁은 애들을 좀 씻겨, 난 간식을 준비할 테니.
※밭, 집 : 교회를 의미한다.
10 나는 하나님이 내게 주신 은혜를 따라, 유능한 건축가처럼 터를 닦았습니다.
이 터 위에 다른 이가 집을 짓겠지만 어떻게 지을지는 각각 신중해야 합니다.
어떻게 지을까.
대충해선 안 돼.
3D 프린팅으로 해 볼까?
목사
장로
집사
11 아무도 이미 닦아 놓은 터 외에 다른 터를 놓을 수는 없으며, 이 터는 곧 예수 그리스도입니다.
그리스도를 터로 삼지 않는다면 그건 교회라 할 수 없지.
12 누구든 이 터 위에 각자 금, 은, 보석과 나무, 풀, 짚으로 집을 지으면, 그에 따라 업적이 드러날 것입니다.
내 모든 정성을 다해서 지어야지.
그냥 적당히 폼 나게 하자.
※집 : 바울은 견고하고 변하지 않는 재료와 허술하고 일시적인 재료로 나눠서 언급한다.
그리고 주의 날이 되면 심판의 불로 업적이 밝히 드러나고 각자의 업적을 검증할 것입니다.
어디 보자. 일단 서류 심사부터…
헤헤
14 그때, 터 위에 세운 업적이 불을 견딘 자는 상을 받고,
아자, 난 보너스다!!
피시시
※상 : 그리스도인이 되면서 구원과 영원한 생명을 받았으니 그 외 추가적인 보상인 듯하다.
15 업적이 타 버린 자는 손해를 볼 것입니다.
맙소사! 홀라당 다 타 버렸잖아!
화르르르
그리고 그런 자는 구원은 받지만 불 속을 헤치고 나오는 것처럼 될 것입니다.
아이고, 좀 더 열심히 할걸!
엇, 뜨..뜨..!!
16 여러분은 하나님의 성전이며, 하나님의 성령이 여러분 안에 계시는 걸 알지 못합니까?
구약 때는 성막이나 성전에 하나님이 계셨지만 지금은 여러분 안에 계신다고.
대박!
와우

17 누구든지 하나님의 성전을 더럽히면 하나님이 그를 멸망시킬 것입니다.

하나님의 성전은 거룩하고, 여러분은 하나님의 성전이기 때문입니다.

tip 하나님의 성전

바울은 고린도 지도자들에게 분쟁을 일으키는 행위는 범죄이며, 각자 그리스도라는 터 위에 어떤 업적을 쌓을지 신중히 할 것을 요구하고, 거룩한 하나님의 성전을 더럽히면 멸망할 것이라고 경고한다. '거룩'이란 하나님의 속성이며 하나님의 모든 소유는 거룩하다. 그러므로 하나님의 성전인 교인들 또한 거룩하다. 성전을 더럽히는 것은 세상의 마음으로 복음을 그릇되게 전하여 교인의 영혼을 망치고, 교회 공동체를 훼손하는 것이다. 바울은 지도자들의 책임을 강조하며, 분쟁을 그치길 요구한다.

주 안에서 하나 되어

18 아무도 스스로를 속이지 마십시오.

여러분 중에 누구든 이 세상에서 지혜로운 사람이라고 생각하거든, 어리석은 사람이 되어야 지혜로운 사람이 됩니다.

※여러분: 지혜를 중시하던 그리스인, 즉 고린도 교인들을 의미한다.

19 이 세상의 지혜는 하나님이 보시기에 어리석은 것입니다.

성경에 기록하기를,

하나님께서는 지혜로운 자들을 자기 꾀에 빠지게 하신다!

※성경: Link 욥기 5:13

20 또 성경에 기록하기를,

주께서는 지혜로운 자들의 생각이 헛된 것을 아신다!

※성경: Link 시편 94:11

21 그러므로 아무도 사람을 자랑하지 말아야 합니다.

어차피 모든 것은 다 여러분의 것입니다.

※모든 것: 하나님은 그리스도 안에 있는 자들을 상속자로 삼으셨다. Link 로마서 8:17

22 바울이나, 아볼로나, 게바나, 세상이나, 생명이나, 죽음이나, 현재나, 미래나 모든 것이 다 여러분의 것입니다.

※게바(Cephas): 12사도 중에 하나인 베드로의 다른 이름이다.

23 그리고 여러분은 그리스도의 것이요, 그리스도는 하나님의 것입니다.

고린도전서

tip 모두 하나님의 것

바울은 모든 것이 그리스도인의 것이며, 그리스도인의 주인은 그리스도라고 했다. 교회는 그리스도가 주인일 때 최상의 가치를 가지지만, 그리스도를 떠난 교회는 더 이상 교회라 할 수 없다. 그리스도는 하나님의 아들로서 완전한 순종을 통해 영광의 자리에 앉으시고 통치권을 물려받으셨다. Link 마태복음 28:18 그러므로 그리스도는 하나님의 의지와 완전히 일치되게 통치하시므로 교회가 그리스도께 속한다는 것은 곧 하나님께 속한다는 것이다.

4장 그리스도의 사도

※비밀: 그동안 숨겨져 있던 그리스도를 통한 하나님의 구원 계획. Link 마태복음 13:11

※오실 때: 그리스도가 다시 오시는 날, 즉 최후의 심판의 날을 가리킨다.

※드러내실 것: Link 마태복음 10:26 Link 고린도후서 5:10

고린도전서

※진짜 왕: 심판의 날 이후에 올 그리스도 왕국의 영광된 자리를 의미한다.

※있다고: Link 고린도전서 3:18

※약함으로: Link 고린도후서 12:9

※일하며: Link 사도행전 18:3 Link 데살로니가후서 3:8

tip 사도들의 고난

사도들은 그리스도를 위해 세상의 지혜를 따르지 않았고, 세상 사람들에게 천대받았다. 반면 고린도 교인들은 그리스도를 믿으면서도 여전히 세상의 지혜와 경험으로 지혜롭고, 강하며, 영광스럽게 되었다. 바울은 세상의 지혜보다 하나님의 지혜에 의지해야 한다고 말했으며, Link 고린도전서 3:18 영광의 기준은 사람이 아니라 하나님이라는 것을 알았기에 자신을 낮출 수 있었다. 그는 고린도 교인들이 그리스도에 대한 믿음이 성숙하지 못한 채 세상의 지혜와 경험으로 교만에 빠져 있음을 에둘러 지적한다. 마지막으로 사도들이 세상의 쓰레기와 만물의 찌꺼기가 되었다는 것은 사도들의 헌신과 더불어 세상 사람들이 사도들을 얼마나 하찮게 여기고 모욕했는지를 보여 준다. 그러나 이 또한 그리스도께서 세상의 가장 천한 죄인의 모습으로 십자가에 못 박히신 것처럼, 사도들의 낮고 천한 모습이 그들이 얼마나 충실한 십자가의 종인지를 잘 나타낸다.

아버지의 훈계

14 내가 이글을 쓰는 것은 여러분을 부끄럽
게 하려는 것이 아니라, 내가 사랑하는 자
녀처럼 훈계하려는 것입니다.

15 그리스도 안에서 여러분에게 많은 선생이
있더라도, 아버지는 여럿일 수 없습니다.

내가 그리스도 예수 안에서 복음으로 여
러분을 낳았습니다.

※많은 선생: 교인들을 잘못된 방향으로 이끄는 거짓 선생들을 가리킨다.

16 그러므로 내가 여러분에게 권합니
다. 나를 본받으십시오.

17 그 때문에 주님 안에서 내가 사랑하는 진실
한 아들 디모데를 여러분에게 보냈습니다.

그는 내가 어디서나 어떤 교회에서나 가르쳤
던 것들과 그리스도 안에서 했던 모든 것을
여러분에게 일깨워 줄 것입니다.

※디모데(Timothy): 이즈음 마케도니아에 있던 디모데는 고린도로 가라는 명령을 받은 것으로 보인다. Link 사도행전 19:22

18 그런데 여러분 중에는 내가 여러분에게
가지 못할 거라고 생각하여 교만해진 자
들이 있습니다.

19 주께서 허락하시면, 내가 속히 여러분에
게 가서 그 교만한 자들의 말이 아니라 능
력을 알아보겠습니다.

20 하나님 나라는 말에 있지 않고 오직 능력
에 있기 때문입니다.

※교만해진 자들: 바울의 사도권을 부정하고 유언비어를 퍼뜨린 거짓 선생들이다. Link 고린도전서 19:3 Link 고린도후서 10:10

21 내가 여러분에게 갈 때 여러분
은 내게 무엇을 원합니까?

내가 매를 가지고 가는 것이 좋겠습니까? 아
니면 사랑과 온유한 마음을 가지고 가는 것이
좋겠습니까?

tip 하나님 나라는 오직 능력

하나님 나라는 두 가지다. 첫째, 세상 끝날에 올 영광스러운 하나님의 나라이다. 둘째, 그리스도가 오신 후 믿는 이들의 삶 속에서 능력을 나타내며 실현되는 하나님의 나라이다. 바울이 말한 하나님의 나라는 두 번째이다. 고린도 교인들은 세상의 지혜로는 풍족했으나 실제로는 하나님 나라와 먼 시기와 분쟁, 교만에 빠져 있었다. 그들에게는 하나님의 능력으로 나타나는 변화된 삶, 사랑의 실천이 없었다. 이에 바울은 그들에게 옛 사람을 버리고 거룩함과 화평을 이루며 사랑을 실천하기를 요구한다. Link 요한복음 3:3

5장 문란한 자들

※아내: 계모이거나 아버지의 첩을 가리킨다.

※영: 바울의 편지를 의미한다.

※영과 함께: 바울의 편지를 읽고, 들으려 모인 것을 가리킨다.

※사탄(Satan): 당시 교회는 하나님의 보호를 받는 영역인 반면 교회 밖 세상은 사탄의 영역으로 생각했다.

※누룩: 여기서는 죄악을 의미한다.

※새 반죽: 그리스도의 죽음으로 죄를 용서받고 새 사람으로 거듭난 사람이라는 의미이다.

※묵은 누룩: 그리스도인이 되기 전에 가지고 있던 죄악과 부도덕함 등을 의미한다.

▶Link 1권 128p tip '유월절의 어린양'을 보라.

8 그러므로 악의와 죄악의 묵은 누룩이 아
니라 오직 순결과 진실의 누룩 없는 빵으
로 유월절을 지킵시다.

9 내가 여러분에게 쓴 편지에 음행하는 자
들과 사귀지 말라고 했습니다.

10 그 말은, 이 세상에서 음행이나 탐욕이나,
착취나 우상 숭배를 일삼는 자들과 전혀
사귀지 말라는 게 아닙니다.

▶ Link 1권 131p tip '성만찬'을 보라.

※편지: 앞서 바울이 고린도에 보낸 서신 중에 아직 발견되지 않은 걸로 보인다.

만약 그렇게 하려면 여러분은 아예 이 세상을 떠나야 할 것입니다.

11 그러나 어떤 형제가 음행하거나, 탐욕스럽거나, 우상 숭배를 하거나, 남을 모
함하거나, 술주정꾼이거나, 착취하는 자라면 사귀지도 말고 함께 먹지도 마
십시오.

12 외부 사람들을 판단하는 것은 내가 상관
할 바가 아닙니다.

하지만 내부에 있는 죄악은 여러분이 판단해야 하지 않겠습니까?

13 외부 사람들은 하나님께서 심판하실 테
니 여러분은 그 악한 자를 여러분 가운데
서 내쫓으십시오.

※여러분: 개인이 아니라 교회 공동체가 그리스도의 뜻에 따라 판단해야 한다.

tip 외부 사람들과 내부 사람들

[9절~13절]에서 바울은 교회 외부 사람들과 내부 사람들을 다르게 대한다. 바울이 교인들에게 외부 사람들과의 접촉을 금하지 않은 것은 세상과 타협하거나 동화하라는 뜻이 아니다. 교인들은 세상에서 살아가지만 세상에 속한 것은 아니다. 그러므로 교인들은 세상에서 살아가지만 세상의 원리대로 살아서는 안 된다. [11절]에서는 그 원리의 사례를 제시한다. 교인들은 하나님의 백성으로서 거룩함과 순결함을 지켜야 하므로 교회 안에 들어온 세상의 원리를 내쫓아야 한다. 그렇지 않다면 교회는 적은 누룩이 온 반죽에 퍼지듯 거룩함과 순결함을 잃고, 악한 자들이 힘을 가지고, 타락하여 하나님의 영광을 훼손할 것이다.

6장 믿는 자들의 소송

1 여러분은 형제와 다툼이 있을 때 왜 성도들 앞이 아니라 세상 법
정 앞에 섭니까?

※다툼: 당시 유대인이나 이방인들도 공동체의 문제를 내부적으로 해결하는 관행이 있었다.

※심판: 마지막 날에 성도들도 그리스도의 심판에 참여한다. Link 마태복음 19:28 Link 누가복음 22:30

※천사: 자기 자리를 이탈한 천사를 가리킨다. Link 이사야 24:21 Link 베드로후서 2:4 Link 유다서 1:6

※가르침: Link 마태복음 5:39~42

불의한 자들은 하나님 나라를 상속받지 못할 것입니다.

11 여러분 중에도 그런 자들이 있었지만 주 예수 그리스도의 이름
과 우리 하나님의 성령으로 죄를 씻고, 거룩함과 의로움을 받았
습니다.

tip 그들은 여러분의 형제

세상의 정의는 사람의 행동이나 공과를 따르지만 그리스도인의 정의는 그리스도의 십자가를 믿는 믿음에 근거한다. Link 로마서 1:17 그러므로 그리스도인이 형제와의 문제로 세상 법정에 간 것은 교회 공동체가 가져야 할 사랑과 용서를 저버린 도덕적 패배이자 동시에 그리스도인으로서의 영적 패배이다. Link 로마서 12:5 그들은 세상 법정에 서기 전에 예수님의 가르침을 따라 희생과 양보를 먼저 생각했어야 했다. 그래서 교회의 명예를 지키고, 하나님께 영광을 드려야 했다. 고린도 교인들은 자신들이 세상의 기준을 잘 지킨다는 교만으로 하나님이 요구하시는 거룩한 삶의 기준을 무시했기에 세상 법정으로 간 것이다. 한편, 그리스도인도 세상 법정에 선다면 마땅히 그 절차를 따라야 한다. 그 이유는 그리스도인이 하늘나라의 백성인 동시에 시민으로서 책임을 다해야 하고, 때로는 법의 보호도 받아야 하기 때문이다.

몸으로 하나님께 영광을

12 '우리에게 뭐든 할 수 있는 자유가 있다'지만 모두
유익한 것은 아니요,

※자유: 하나님이 은혜로 주신 자유. Link 요한복음 8:32 Link 갈라디아서 5:13

나도 '뭐든 할 수 있는 자유'가 있으니 세상의 어
떤 구속도 받지 않습니다.

13 '음식은 배를 채우기 위해 있고, 배는 음식을 먹기 위해 있다'고 했지만 하나님
은 그것들도 다 없애 버리실 것입니다.

※했지만: Link 고린도전서 8:8 Link 고린도전서 10:25

우리 몸은 음행을 위한 것이 아니라, 주님
을 위해 있고, 주님은 몸을 위해 계십니다.

※했잖아: Link 에베소서 4:16

14 하나님이 주님을 다시 살리셨으니, 그분의
능력으로 우리도 다시 살리실 것입니다.

15 여러분의 몸이 그리스도의 몸이라는 것
을 알지 못합니까?

※그리스도의 몸: Link 고린도전서 12:12 Link 로마서 12:5 Link 에베소서 5:30

16 또한 창녀와 함께하는 자는 그녀와 한몸이 된다는 걸 알지 못합니까?

17 주님과 함께하는 사람은 주님과 하나가 됩니다.

18 음행을 피하시오. 사람이 짓는 모든 죄는 몸 밖에서 일어나지만, 음행을 하는 자는 자기 몸에 죄를 짓는 겁니다.

※성경: Link 창세기 2:24

19 여러분의 몸은 여러분의 것이 아니라 하나님으로부터 받은 성령을 모신 성전인 것을 알지 못합니까?

20 하나님은 값을 치르고 여러분을 사셨습니다. 그러므로 여러분의 몸으로 하나님께 영광을 돌리십시오.

tip 뭐든 할 수 있는 자유

고린도는 성적으로 타락했고, 이단과 그리스 철학의 영향으로 영혼은 고귀하지만 육체는 천하다고 여기며, 몸은 아무렇게나 해도 된다고 생각했다. 그래서 바울은 하나님의 은혜로 죄에서 벗어난 자들에게 그리스도 안에서의 자유를 가르쳤지만 고린도 교인들은 습관대로 무엇이든 해도 된다고 해석하면서 방종에 이용했다. 또 바울은 배가 고프면 우상에게 바친 음식이라도 믿음으로 먹을 수 있다고 가르쳤지만 고린도 교인들은 이를 이용해서 식욕처럼 음행도 몸의 본능에 따른 것이라고 정당화했다. 그런데 바울은 그런 몸이 신을 위한 것이고, 신은 몸을 위하고, 더 나아가서 몸은 신의 일부분이라고 선언하고, 거룩하고 순결한 모습으로 하나님께 영광을 돌리는 삶을 살길 요구한다.

7장 결혼에 대하여

1 여러분이 남자는 여자를 가까이하지 않는 것이 좋겠다고 한 문제에 대해 말하겠습니다.

2 음행이 만연하니 남자는 각각 아내를 두고, 여자는 각각 남편을 두십시오.

3 남편은 아내에게 의무를 다하고, 아내도 남편에게 의무를 다하십시오.

4 아내의 몸에 대한 권리는 남편에게 있고, 남편의 몸에 대한 권리는 아내에게 있습니다.

※거절 : 부부 간에 서로의 권리와 의무를 거절하지 말라는 뜻이다.

※각각의 은혜 : Link 마태복음 19:11~12

※결혼한 자들 : 믿는 자들의 결혼을 가리킨다.

※명령 : Link 마태복음 19:8~9

※그 밖의 사람들 : 믿지 않는 배우자와 결혼한 자들을 가리킨다.

13 또 어떤 여자에게 믿지 않는 남편이 있는
데, 그가 아내와 함께 살기를 원할 때도
버려선 안 됩니다.

14 믿지 않는 남편은 아내로 거룩해지고, 믿
지 않는 아내는 남편으로 거룩해질 것입
니다.

그렇지 않으면 그들의 자녀도 깨끗하지
않을 텐데 자녀는 이미 거룩합니다.

15 그러나 믿지 않는 쪽에서 헤어지길 원하
면 헤어져도 됩니다. 믿는 형제나 자매가
매달릴 필요가 없습니다.

하나님께서는 우리를 평화롭게 살게 하
려고 부르셨습니다.

16 아내 된 이여, 그대가 남편을 구원할지 어
찌 압니까? 남편 된 이여, 그대가 아내를
구원할지 어찌 압니까?

tip 거룩한 삶

고린도는 그리스에서 성적으로 타락한 대표적인 도시다. 그러므로 고린도 교인들도 그런 분위기에 큰 영향을 받았을 것이고, 그 배경 속에서 바울은 교인들이 타락하지 않도록 결혼을 권한 것이다. 바울이 '나와 같기를 바란다'라고 한 것은 독신으로 살라는 것이 아니라 자신처럼 거룩한 삶을 살기를 바란다는 의미다. 믿는 자끼리 결혼했든, 믿지 않는 자와 결혼했든, 독신으로 살든, 중요한 것은 하나님이 바라시는 거룩한 모습으로 살 수 있느냐 없느냐이다.

부르신 모습 그대로

17 그러나 내가 모든 교회에서 명령하니, 각
자는 하나님이 나누어 주신 은혜와 부르
신 모습 그대로 생활하십시오.

18 부르시기 전에 할례를 받았다면 그 흔적
을 지울 필요 없고, 할례를 받지 않았다면
할례를 받을 필요 없습니다.

※사랑 안에: Link 요한복음 15:12~14

19 할례를 받거나 안 받거나 상관없고, 중요한
것은 하나님의 계명을 지키는 것입니다.

20 그러므로 각자는 하나님이 부르셨을 때
의 상태 그대로 생활하십시오.

21 종일 때 부르심을 받았습니까? 걱정할 것
없습니다. 자유를 얻을 수 있는 기회를 잡
으면 됩니다.

※계명: 말씀에 순종하고, 믿음과 사랑으로 부르심을 받은 상태 그대로를 받아들이는 것을 의미한다.

22 주 안에서 부르심을 받을 때, 종이라면 주께 속한 자유인이요, 자유인이라면 그리스도의 종입니다.
23 여러분은 하나님께서 값을 치르고 사셨으니 사람들의 종이 되지 마십시오.
24 형제들이여, 각각 부르심을 받은 그 상태대로 하나님과 함께 생활하십시오.

tip 부르신 모습 그대로

고린도 교인들의 사회적 신분이 대부분 낮다는 것은 다른 진술에서도 찾아볼 수 있다. Link 고린도전서 1:26~27 그것은 그들에게 분쟁의 씨앗이 되었다. 그래서 바울은 각자의 능력과 소명은 하나님이 주신 것이니 삶을 귀하게 여기고 하나님의 주권을 따르라고 권한다. 이는 현실에 만족하라는 뜻이 아니라, 그리스도 안에서는 모두가 동등하니 자신의 현실 안에서 순종하고 믿음과 사랑으로 평화롭게 지내는 하나님의 백성이 되라는 말이다.

처녀와 과부에게

25 처녀에 대해서는 내가 주께 받은 말씀은 없지만 주의 자비로움을 받아 충성된 자로서 의견을 제시합니다.
26 내 생각에는 곧 닥쳐올 고난 때문에 현재 상태대로 지내는 것이 좋겠습니다.

※고난 : 심판의 날에 닥칠 고난보다는 현재의 여러 가지 박해를 의미한다고 본다.

27 아내가 있다면 헤어지려고 하지 말고, 아내가 없다면 얻으려고 하지 마십시오.
28 그러나 결혼한다고 해도 죄를 짓는 것은 아닙니다.
다만 결혼을 하면 더 고달플 것이니 내가 여러분을 아껴서 하는 말입니다.

29 형제들이여, 때가 얼마 남지 않았으니 이제부터 아내가 있는 자는 없는 것처럼,
30 우는 자는 울지 않는 것처럼, 기쁜 자는 기쁘지 않은 것처럼, 무엇을 산 자는 사지 않은 것처럼, 세상의 무엇을 이용하는 자는 그것에 너무 의지하지 마십시오.

※때 : 예수님이 다시 오실 때까지 남은 시간을 의미한다.

이 세상의 모든 것은 사라집니다.
32 난 여러분이 고민 없길 바랍니다. 미혼인 남자는 어떻게 주님을 기쁘게 해 드릴까 하고, 주님의 일에만 마음을 쓰지만,
33 결혼한 남자는 어떻게 아내를 기쁘게 할까 하고, 많은 세상 일에 마음을 씁니다.

34 결혼한 여자와 미혼인 여자도 그렇습니다. 미혼인 여자는 몸과 영을 거룩하게 하고 주님의 일에만 마음을 쓰지만,
결혼한 여자는 어떻게 남편을 기쁘게 할까 하고, 많은 세상 일에 마음을 씁니다.
35 나의 이 말은 여러분을 유익하게 하려는 것이지, 올가미를 씌우려는 것이 아닙니다.

오직 여러분이 바르게 살고 흐트러짐이 없이 주님을 섬기게 하려는 것입니다.
36 누가 자기 딸을 방치하고 있거나 그 딸이 혼기가 차고 결혼시킬 필요가 있다면 그렇게 하십시오.
결혼하는 것이 잘못은 아닙니다.

※결혼시킬: 아버지에게 딸의 결혼을 권하는 것일 수도 있고, 약혼남에게 약혼녀와의 결혼을 권하는 것일 수도 있다.

37 그러나 홀로 주님을 섬기기로 마음을 굳게 먹고, 약혼하지도 않았고, 자신의 확신이 있어서 그 딸을 그대로 두기로 작정했다면 그것도 잘하는 것입니다.
38 자기 딸을 시집보내는 자도 잘하는 것이고, 시집보내지 않는 자는 더 잘하는 것입니다.

39 아내는 남편이 살아 있는 동안에는 그에게 매여 있지만, 남편이 죽으면 자유롭게 원하는 사람과 결혼할 수 있습니다.

다만, 오직 주님 안에서 그렇게 해야 합니다.

40 그러나 나는 그녀가 그냥 혼자 지내는 것이 더 복될 것이라고 생각합니다.

나도 하나님의 영을 받았다고 생각합니다.

tip 주께 헌신하는 삶

당시 그리스도인은 여러 고난 앞에 놓여 있었고, 바울은 그들이 결혼에 대한 책임 때문에 더 큰 어려움에 처할 것을 염려한다. 또 그리스도인에게는 세상의 모든 것이 중요하지 않으며, 그리스도인의 궁극적 목적은 그리스도의 다시 오심을 준비하는 삶이다. 바울은 이를 위해 독신을 권장하지만 핵심은 결혼이나 독신이 아니라 하나님께 헌신적인 거룩한 삶을 살 수 있느냐 없느냐에 있다. 바울의 목적은 [35절]에서 잘 드러난다.

8장 우상에게 바쳐진 제물

1 우상에게 바친 음식에 대해서는 우리 모두 아는 바가 있을 겁니다.

※바친 음식: 당시엔 제사에 사용된 음식을 사제들이 처분했고, 남은 음식은 시장에 내다 팔기도 했다.

지식은 사람을 교만하게 하지만, 사랑은 덕을 세웁니다.

※사랑: 하나님의 사랑을 실천하는 것을 의미한다.
※덕: 형제자매의 믿음을 견고히 세우는 것을 의미한다.

2 만약 누가 무엇을 안다고 생각한다면 그는 마땅히 알아야 할 것을 알지 못하는 사람입니다.

※안다고: 하나님에 대해서 안다고 생각하는 것을 의미한다.

3 그러나 하나님을 사랑하는 사람은 하나님께서 그를 알아 주십니다.

4 우리는 이 세상에서 우상은 아무것도 아니고, 오직 하나님 한 분 외에 다른 신은 없다는 것도 알고 있습니다.

※아무것도: Link 이사야41:24 Link 예레미야10:14

5 하지만 사람들은 하늘이나 땅에 신이라고 하는 것들이 있고, 많은 신과 주가 있다고 합니다.

6 그러나 우리에게는 아버지이신 하나님 한 분이 계실 뿐이니 만물은 그분에게서 났고, 우리는 그분 안에 있습니다.

※누구나: 교회 내에서도 이러한 지식을 모르는 사람들이 있다는 걸 나타낸다.

※약한 자들: 우상을 숭배하던 습관에서 벗어나지 못한 초신자들을 의미한다.

※죄를 짓는: Link 마태복음 25:40, 45

tip 사랑이 없는 지식

고린도 교인 중에는 이전 관습대로 이방 신전에서 제물로 바쳤던 음식을 먹는 이들이 있었다. 유대교를 믿던 그리스도인은 그것을 부정한 음식이라 했고, 어떤 그리스도인은 그리스도 안에서 누리는 자유를 강조하며 먹어도 된다고 했다. 이에 바울은 우상에 바쳤던 음식도 다른 음식과 다르지 않지만, 그로 인해 믿음이 약한 자들이 이방 신전에 드나들어 결국 그리스도로부터 멀어질 수 있음을 경고하고, 하나님의 사랑을 실천하기 위한 절제를 요구한다.

9장 사도의 권리와 의무

※자유: 그리스도인이 가지는 영적인 자유를 말한다.

※뵙지: 바울은 다마스쿠스로 가던 길에 예수님을 만난다. Link 사도행전 9:3

※우리: 바울과 바나바, 또는 실라와 디모데까지 포함했을 수 있다.

※주의 동생들: 요셉과 마리아의 아들들이나 사촌들까지 포함될 수도 있다.

※게바(Cephas): 12사도 중에 베드로의 다른 이름이다.

※모세의 율법: 모세오경을 의미한다. Link 신명기 25:4

※레위기: Link 레위기 7:6~35

※말했지: Link 마태복음 10:10 Link 누가복음 10:7

※받았으니: Link 사도행전 9:5

※도망쳤다가: 구약의 예언자 요나는 사명을 거부하고 도망쳤다가 폭풍우를 만나고, 물고기 뱃속에서 3일 밤낮을 보냈다.

※맡겨지다: Link 사도행전 13:2, 26:16

18 그러면 내가 받을 상은 무엇이죠? 그것은, 내가 복음을 전할 때 값없이 전하고, 나의 권리를 쓰지 않는 겁니다.
상치고는 좀 이상한데?
그러게, 그건 희생이잖아.
나한테는 그 희생이 자랑이고 영광이야.
19 나는 모든 사람에게 구속받지 않지만, 더 많은 사람을 얻으려고 스스로 종이 되었습니다.
이쪽으로 가세요.
20 나는 유대인들을 얻고자 유대인처럼 되었고, 율법 아래 있는 자들을 얻고자 율법 아래에 있는 자처럼 되었습니다.
좀 얍삽하지 않아요?
사람들을 주께 인도할 수만 있다면 뭔들 어때? 눈높이 전도라고 몰라?
※율법 아래 있는 자: 유대인이나 유대교로 개종한 이방인을 가리킨다.
21 나는 하나님의 율법이 없는 자가 아니라 그리스도의 율법 안에서 사는 사람이지만,
난 모세의 율법에는 자유롭지만 그리스도의 율법에는 매여 있지.
넌 유대인이 아니라 그리스도인이니까.
율법이 없는 자를 얻으려고 율법이 없는 자처럼 되었습니다.
이들을 얻으려면 이들의 눈높이에 맞춰야지.
※율법이 없는 자: 이방인을 가리킨다.
22 또 믿음이 약한 자들을 얻으려고 믿음이 약한 자가 되었습니다.
내 기준이 아니라 이들의 기준에서 이해하려고 노력했어.
조심해. 살살.
무너질라.
내가 모든 사람의 모습에 맞춰 모든 종류의 사람이 된 것은 어떻게든 그들 중에 몇몇이라도 구원하려는 것입니다.
이제부터 카멜레온 바울이라고 불러 줘.
유대인
이방인
믿음이 약한 자
23 내가 하는 이 모든 것은 그들과 함께 복음의 축복을 나누려는 것입니다.
복음
복음
복음
24 경기에서 모든 선수가 달려도 상을 받는 자는 하나뿐인 걸 알지 못합니까? 여러분도 상을 받도록 달리십시오.
2.0
25 경기에 나서는 자들은 모든 일에 절제합니다.
경기가 얼마 남지 않았으니 식단 관리 잘하고, 핸드폰은 금지고, 10시엔 취침하도록 해.
그런데 그들은 썩을 월계관을 얻으려고 절제하지만, 우리는 썩지 않을 월계관을 얻으려고 하는 것입니다.
썩는 월계관도 얻으려고 그렇게 열심히 하잖아.
그에 비해서 썩지 않는 월계관이라면 말할 것도 없겠지.
26 그러므로 내가 달리는 것은 목표가 없는 것이 아니고, 내가 싸우는 것은 허공을 치는 것이 아닙니다.
분명한 목표를 가지고 혼신의 노력을 해야 해.

27 내가 내 몸을 쳐서 굴복시키는 것은 남에게 복음을 전한 후 오히려 나 자신이 버림받는 신세가 되지 않으려는 것입니다.

※굴복시키는: 육체의 본성과 욕구를 완전히 다스린다는 뜻이다.

tip 바울의 사명

바울은 자신의 이방 선교를 자발적 이유가 아니라 그리스도로부터 강제로 주어진 사명이라고 했다. 이는 자발적 믿음으로 사명을 따른 다른 12사도와는 차이를 보인다. 바울은 그리스도인을 박해하는 중에 소명을 받았으며, 선택의 여지 없이 따를 수밖에 없는 일로 인식했다. 또 바울은 [17절]에서 '직분이 맡겨졌다'고 했다. 이는 노예가 명령을 받아 임무를 수행하는 것을 의미한다. 노예는 임무를 완수해도 보상을 기대할 수 없다. 다만 임무를 완수하지 못하면 처벌을 받을 뿐이다. 바울은 자신이 노예로서 맡은 임무를 수행할 뿐이라고 여겼으며, 이는 그리스도의 가르침을 따르는 태도였다. Link 누가복음 17:10 그러나 그는 자신의 의지가 아님에도 그리스도의 인도하심과 하나님의 은혜로 선교 사역에 열정과 헌신을 다했으며 복음을 위해 값없는 봉사와 온전한 희생을 자랑으로 삼았다.

10장 우상 숭배에 대한 경고

1 형제들이여, 나는 여러분이 이 사실을 알기를 바랍니다.

모세 때 우리 조상들은 모두 구름의 보호를 받았고, 바다 가운데를 지났으며,

※바다: 출애굽 당시 이스라엘 백성들이 갈라진 홍해 바다를 지나갔던 사건을 가리킨다.

2 모두 모세를 따라서 구름과 바다에서 세례를 받았고,

※구름과 바다: 이스라엘 백성들은 홍해를 건널 때 구름과 바다의 도움을 받았고 구원의 확신(세례)을 얻었다. Link 출애굽기 14:20~24

3 모두 같이 신령한 음식과 물을 먹고 마셨습니다.

그들은 자기들과 동행하는 신령한 바위에서 물을 마셨고, 그 바위는 그리스도였습니다.

※동행: 이스라엘 백성들이 광야에서 지낼 때 그리스도께서도 함께 있었다는 의미이다.

5 그러나 하나님께서는 그들 대부분을 기뻐하지 않으셔서 그들은 광야에서 멸망했습니다.

※멸망: Link 민수기 26:65

6 그 일들은, 우리 조상들은 악을 따랐지만 우리는 그래서는 안 된다는 본보기입니다.

※악: 이스라엘 백성들은 하나님에 대한 믿음을 잃고 불평했다.

7 그들 중에 어떤 이들처럼 여러분은 우상을 숭배하지 마십시오.

성경에는 이렇게 기록되었습니다.

※성경: 이스라엘 백성들이 금송아지를 섬기면서 했던 행동이다. Link 출애굽기 32:6

8 간음하지 맙시다. 그들 중에 어떤 이들은 간음을 했다가 하루에 23,000명이나 죽었습니다.
9 그리스도를 시험하지 맙시다. 그들 중에 어떤 이들은 그리스도를 시험했다가 뱀에게 죽었습니다.
왜 우릴 사막에서 죽게 하는 거요?
물도 빵도 없어!
거지 같은 음식은 지겨워!
10 원망하지 맙시다. 그들 중에 어떤 이들도 원망하다가 그들을 파멸시키는 자에게 멸망했습니다.
살인자!
당신들은 여호와의 백성들을 죽였소!
※간음: 이스라엘 백성들이 싯딤에 머물 때 생긴 일이다. Link 민수기 25:1~9
※뱀: Link 민수기 21:6
※원망: Link 민수기 16:41~49
※파멸시키는 자: 하나님의 명을 받은 천사를 가리킨다.
11 그들이 당한 모든 일은 말세를 사는 우리에게 경고하려고 본보기로 기록된 것입니다.
무시무시한 일들이 있었네.
그들의 허접한 믿음이 문제야.
The Bible
12 그러므로 서 있다고 생각하는 사람은 넘어지지 않도록 조심하십시오.
우린 그리스도의 피로 깨끗해졌기 때문에 우상 제사에 참석해도 괜찮아.
우리도 하나님의 백성이라고 했다가 완전 망했다고.
유대인
13 여러분은 사람이 감당할 수준을 넘어서는 시련을 겪은 적이 없습니다.
※말세: 구약 시대가 끝나고 새로운 구원의 시대가 시작되는 때를 의미한다.
※서 있다: 고린도 교인들은 자신의 신앙이 흠 없이 온전하다고 확신했다.
신실하신 하나님은 여러분이 감당하지 못할 시련은 허락하지 않으시고,
넘어져도 너무 걱정할 필요는 없어.
하나님께서 도와주실 테니.
다만 시련과 함께 벗어날 길도 마련해 주셔서 여러분이 그 시련을 견딜 수 있게 하십니다.
여길 밟고 올라가자.
다시 하나님을 믿고 가면 돼.
14 그러므로 내가 사랑하는 자들이여, 우상 숭배를 하지 마십시오.
우상은 돌멩이랑 다를 바가 없잖아. 우린 그리스도인인데.
버려.
15 여러분은 지혜로우니 내 말을 판단해 보십시오.
그리스도인이 우상 제사에 참석하고 그 음식을 먹는 게 올바른 짓이라고 생각해?
16 우리가 복을 비는 축복의 잔은 그리스도의 피에 참여한 것이 아닙니까?
식탁에서 함께 식사를 한다는 건 깊은 관계란 뜻이야.
주로 가족이지.
우리가 나누어 먹는 빵은 그리스도의 몸에 참여한 것이 아닙니까?
주의 식탁에 참여한다는 것은 그리스도와 함께 한다는 말이야.
그리스도를 통해서 우리가 하나된 거지.

17 빵이 하나이므로, 우리가 여럿일지라도 한 몸입니다. 그것은 우리가 모두 한 덩이 빵을 나누어 먹기 때문입니다.

18 육체를 따라 태어난 이스라엘 백성을 보십시오. 희생 제물을 먹는 자들은 그 제단에 참여하는 것이잖습니까?

※육체를 따라: 영적인 이스라엘의 반대되는 개념으로 혈통에 의한 이스라엘 사람을 가리킨다.

19 그러니 우상은 무엇이고, 우상의 제물을 먹는다는 것은 무엇입니까?

20 이방인의 제사는 귀신에게 하는 것이지 하나님께 하는 것이 아닙니다.

※귀신: 우상은 무가치하지만 그 배후에는 영적인 존재가 있다는 것을 암시한다.

21 여러분은 주님의 잔과 귀신의 잔을 같이 마실 수 없고, 주님의 식탁과 귀신의 식탁에 같이 참여할 수 없습니다.

22 우리가 주님을 질투하시게 하려는 것입니까? 우리가 주님보다 강하다는 말입니까?

tip 그리스도의 피와 몸에 참여하다

이는 성만찬에 대해 묘사이다. 유대인들은 화목 제사를 드린 뒤 성전 뜰에서 제단에 올리지 않은 제물을 함께 먹으며 하나님께서 죄인에게 주시는 은혜와 화해를 기뻐했다. 그처럼 성만찬 또한 하나님과 사람의 화해를 의미한다. 신약 교회에서는 예수님의 최후의 만찬을 기념하는 성찬을 시행했는데, 이를 통해 예수님의 살과 피로 상징되는 떡과 포도주를 마심으로써 그리스도와 하나가 되고, 다른 교인과도 서로 하나 된 공동체임을 확인했다.

▶ Link 1권 131p tip '성만찬'을 보라.

모든 것은 하나님의 영광을 위해

23 모든 것이 내게 허용된다고 해도 다 유익한 것이 아니요, 다 덕을 세우는 것도 아닙니다.

24 누구라도 자기의 유익을 구하지 말고, 남의 유익을 구하도록 하십시오.

25 시장에서 파는 것은 양심을 위하여 출처를 묻지 말고 그냥 먹으십시오.

※시장: 당시 시장에는 황제 숭배와 우상 숭배의 제물로 사용된 많은 음식들이 판매되었다.
※양심: 믿음이 약한 자의 양심을 가리킨다.

26 그것은 땅과 거기에 가득 찬 것들이 다 주의 것이기 때문입니다.

27 여러분이 불신자의 초대를 받아 갔다면, 차려 놓은 것은 양심을 위해 묻지 말고 그냥 먹으십시오.

※양심: 믿음이 약한 자의 양심을 가리킨다.

28 그러나 누가 우상에 올린 음식이라고 한다면 그 알려 준 사람과 자신의 양심을 위하여 먹지 마십시오.

※누가: 믿음이 약한 자를 가리킨다.

29 내가 여기에서 말한 양심은, 여러분의 양심이 아니라 남의 양심입니다.

※남의 양심: 믿음이 약한 자의 양심을 가리킨다.

어찌하여 내 자유가 남의 양심의 판단을 받아야 합니까?

30 또 내가 감사한 마음으로 참여하면, 왜 내가 감사하는 그 음식 때문에 비난을 받겠습니까?

31 그러므로 여러분은 먹든지 마시든지 무슨 일을 하든지 모두 하나님의 영광을 위하고,
유대인에게도, 그리스인에게도, 하나님의 교회에도 걸림돌이 되지 마십시오.

33 나는 모든 일에서 모든 사람을 기쁘게 하려고 애씁니다.

그처럼 여러분도 자신의 유익을 구하지 말고, 많은 사람의 유익을 구하여 그들이 구원을 받게 하십시오.

11장

1 내가 그리스도를 본받는 사람인 것처럼 여러분은 나를 본받는 사람이 되라는 겁니다.

※애씁니다: Link 고린도전서 9:18~22

tip 하나님의 영광을 위하여

바울은 [8장]에서 우상은 무가치하므로 우상에게 바쳐진 제물도 일반 음식과 다르지 않다고 했다. 그러나 개인의 자유가 믿음이 약한 자들에게 해가 된다면 절제해야 한다고 했다. 이어서 바울은 그리스도인에게 참된 자유와 사랑을 실천하길 요구한다. 남의 유익을 구하는 삶은 그리스도 안에서만 가능하며 그것은 욕심을 버리고 구원을 완성하는 삶이다. 또한 그리스도인의 자유는 하나님의 영광을 위한 것이어야 하며, 남에게 해가 되지 않은 범위 안에서 누릴 권리이다.

여자가 머리를 가리는 것

2 여러분이 나의 모든 일을 기억하고, 내가 전해 준 전통을 지키고 있는 것을 칭찬합니다.

※부도덕: 당시 그리스와 중동 지방에서 머리를 가리지 않는 여자는 대부분 매춘부였다.

3 그런데 남자의 머리는 그리스도요, 여자의 머리는 남자요, 그리스도의 머리는 하나님이신 걸 알기를 바랍니다.

※머리: 권위와 복종을 의미한다.

고린도전서

4 남자가 머리를 가리고 기도나 예언을 하는 것은 그의 머리를 부끄럽게 하는 것이요.
너의 머리는 그리스도인데 왜 가려? 날 무시해?
헉!
※머리: 남자의 머리 또는 남자에게 주권을 부여한 그리스도를 가리킨다.
5 여자가 머리를 가리지 않고 기도나 예언하는 것도 그 머리를 부끄럽게 하는 것입니다.
그건 머리를 밀어 버린 것과 같은 거야.
내가 죄인처럼 머리를 밀고 있으면 남편이 부끄럽겠지?
※머리: 여자의 머리 또는 여자의 주권자인 남자를 가리킨다.
6 여자가 머리를 가리지 않으려면 머리카락을 잘라야 합니다.
머리카락을 자르는 것이 부끄러우면 머리를 가려야지.
당시에 머리를 민 여자는 노예나 죄인이었거든.
7 남자는 하나님의 형상이요, 영광이니 당연히 머리를 가려서는 안 됩니다. 그러나 여자는 남자의 영광입니다.
남자는 하나님의 모습으로 만물을 다스릴 권한을 받았고 그 머리는 그리스도니까.
여자가 머리를 가리는 건 남자와 그리스도에 대한 순종의 의미야.
※형상: Link 창세기 1:26~28
8 그것은 남자가 여자에게서 난 것이 아니라 여자가 남자에게서 났으며,
※남자에게서: 하나님은 남자의 갈비뼈로 여자를 만드셨다. Link 창세기 2:22
9 남자가 여자를 위해 난 것이 아니라, 여자가 남자를 위해 났기 때문입니다.
이건 하나님의 창조 질서를 말하는 것이지 남자가 더 낫다는 게 아냐.
아내는 남편에게 순종하고, 남편은 아내를 자기 몸처럼 사랑하라고 하셨어.
※남자를 위해: 하나님은 남자를 돕는 짝으로 여자를 만드셨다. Link 창세기 2:18, 20
※하셨어: Link 에베소서 5:24~28
10 그러므로 여자는 천사들 때문에 남자의 권위에 순종한다는 표를 머리에 두어야 합니다.
하나님이 정한 질서에 반항하는 자는 고발해야지.
11 그러나 주 안에서는 남자 없이 여자만 있지 않고, 여자 없이 남자만 있지 않습니다.
남자만으로는 하나님의 명령을 지킬 수가 없어.
※명령: 자식을 낳아 기르고 번성하여 이 땅에 가득하라. Link 창세기 1:28
12 여자가 남자에게서 난 것처럼, 남자도 여자의 몸에서 났으며, 그 모든 것은 하나님에게서 났습니다.
여자는 남자의 갈비뼈에서 났어.
하지만 그 이후로 모든 남자는 여자에게서 났지.
13 여자가 머리를 가리지 않고 하나님께 기도하는 것이 마땅한 일인지 여러분 스스로 판단해 보십시오.
여자가 부도덕한 모습으로 하나님 앞에 서는 건 아닌 것 같아.
그건 술집에서나 가능하지.
14 여러분도 남자가 머리카락을 길게 하는 것이 부끄럽다는 것을 자연스럽게 알지 않습니까?
어때? 예뻐?
흉칙하다야.
15 근데 여자가 머리카락을 길게 하는 것은 자기에게 자랑이 되고, 머리를 가리는 것을 대신할 수 있잖아요.
어이없네.

고린도전서

16 누가 그렇게 문제 삼는다면, 우리에게나 하나님의 교회에는 그런 관습이 없습니다.

※그런 관습 : 여자가 수건을 쓰지 않는 관습.

tip 여자의 머리는 남자, 남자의 머리는 그리스도, 그리스도의 머리는 하나님

머리는 '권위'와 '복종'을, 각각의 관계는 '연합'을 의미하며, 이는 하나님의 3단계 창조 질서를 나타낸다. 첫째는 남자와 그리스도의 관계로, 그리스도는 믿음을 통해 연합하여 남자의 머리가 되며, 그리스도의 구원 사역도 이를 통해 이루어진다. 둘째는 여자와 남자의 관계로, 남자는 결혼이라는 연합으로 여자의 머리가 된다. 남편과 아내의 관계는 그리스도와 교회와의 관계와 같다. 즉 그리스도가 십자가에서 목숨을 내놓을 만큼 교회를 사랑하고, 교회는 그리스도에게 복종하는 '사랑'과 '복종'의 관계이다. 또한 그리스도 안에서 남편과 아내가 동등하더라도 하나님의 창조 질서 안에서 아내는 복종의 위치에 있다. 이러한 질서는 우월이나 열등을 뜻하는 것이 아니라 사랑과 화합과 안정이라는 관점으로 이해되어야 한다. 셋째는 그리스도와 하나님의 관계로, 이는 아버지와 아들의 관계뿐만 아니라 그리스도가 신이면서도 하나님과 사람 사이를 이어 주는 역할을 한다는 사실에 근거해 하나님이 그리스도의 머리가 되신다. 그래서 그리스도는 하나님께 절대적으로 복종하셨다.

주의 만찬

17 나는 이제 지시하는 일에 대해서는 여러분을 칭찬할 수 없습니다.

그것은 여러분의 모임이 유익이 되기보다 오히려 해가 되기 때문입니다.

18 첫째, 교회에서 모일 때에 여러분 중에 분열이 있다고 하던데, 나도 그것이 어느 정도는 사실이라고 믿습니다.

19 물론 파벌이 있어야만 여러분 중에 하나님께 인정받는 자들이 드러날 것입니다.

20 하지만 여러분이 분열되어 한 자리에 모이는 것은 주님의 만찬을 먹는 것이 아닙니다.

21 각자 자기가 가져온 음식을 먼저 먹으니 어떤 이는 배가 고프고, 어떤 이는 술에 취합니다.

※주님의 만찬 : 당시 교인들은 형편에 따라 집에서 음식을 가지고 와서 교회에 모였다.

22 여러분에게 먹고 마실 집이 없습니까? 아니면 하나님의 교회를 멸시하고, 가난한 자들을 부끄럽게 하려는 겁니까?

내가 여러분에게 무슨 말을 해야겠습니까? 칭찬할까요? 그럴 수는 없지요.

23 내가 여러분에게 전한 것은 주님으로부터 받은 것입니다.

※말씀 : Link 마태복음 26:26 Link 누가복음 22:19

※말씀 : Link 마태복음 26:27 Link 누가복음 22:20

※심판 : 영원한 구원의 심판이 아니라 일시적인 징계를 의미한다.

※사랑하라 : Link 마태복음 22:39 Link 요한복음 13:34

tip 내 피로 세운 새 언약

출애굽 당시 하나님이 모세와 맺은 옛 언약은 희생 제물의 피를 필요로 했고, Link 출애굽기 24:8 유대인들은 매년 유월절이면 어린 양을 잡아서 만찬을 하며 그 언약을 기억했다. 하지만 유대인들은 모세의 옛 언약을 지키지 못했고, 하나님은 예레미야를 통해 새 언약을 맺을 것임을 예언하셨다. Link 예레미야 31:32 예레미야의 예언은 예수 그리스도의 십자가의 죽음을 통한 새 언약을 가리킨다. 그 언약은 돌판에 새기지 않고 마음에 새기며, 희생 제물의 피가 아니라 그리스도 자신의 피로 단 한 번에 이루어지는 영원한 언약이었다. 그래서 바울은 예수님을 '유월절 어린 양'이라고 했다. Link 고린도전서 5:7 그리스도인들은 죄인을 구원하신 그리스도의 고난과 죽음을 기억하고, 감사하며, 그의 값없는 사랑을 본받고, 새 언약을 기억하면서 성만찬에 참여해야 한다.

▶ Link 1권 128p tip '유월절의 어린 양'을 보라.

12장 성령의 은사

1 형제들이여, 나는 신령한 능력들에 대해서 여러분이 모르길 원하지 않습니다.

※신령한 능력: 하나님이 값없이 주시는 선물이자 은혜의 선물인 '은사'를 의미한다.

2 알다시피 이방인일 때 여러분은 말 못하는 우상에게 이리저리 끌려다녔습니다.

3 그러므로 하나님의 성령으로 말하는 자는 누구도 예수를 '저주받은 자'라고 하지 않고,

성령을 통하지 않는 자는 누구도 예수를 '주님'이시라고 말할 수 없습니다.

4 성령이 주시는 능력은 여러 가지지만, 그것을 주시는 분은 같은 성령이십니다.

5 섬기는 일은 여러 가지지만, 우리가 섬기는 분은 같은 주님이십니다.

6 일하는 것은 여러 가지지만, 모든 일을 하시는 분은 같은 하나님이십니다.

7 각 사람에게 성령을 나타내시는 것은 우리의 유익을 위한 것입니다.

8 어떤 이에게는 성령을 통해 지혜의 말씀을, 어떤 이에게는 같은 성령을 통해 지식의 말씀을 주십니다.

9 어떤 이에게는 같은 성령으로 믿음을, 어떤 이에게는 같은 성령으로 병 고치는 능력을 주십니다.

10 어떤 이에게는 기적을 보이는 능력을, 어떤 이에게는 예언하는 능력을, 어떤 이에게는 영을 분별하는 능력을, 어떤 이에게는 여러 방언을 하는 능력을, 어떤 이에게는 방언을 통역하는 능력을 주십니다.

11 이 모든 일은 한 분이신 성령이 하시며, 그의 뜻대로 각자에게 나누어 주십니다.

※방언: 성령을 받은 자가 배우지 않은 다른 언어로 말하는 것이다.

하나의 몸에 여러 지체

12 몸은 하나지만 많은 지체가 있고, 한 몸에 지체는 많아도 모두 한 몸인 것처럼 그리스도도 그와 같습니다.

※지체: 팔, 다리, 손가락, 눈, 코 등 몸의 한 부분을 의미한다.

13 유대인이든, 그리스인이든, 종이든, 자유인이든 우리는 모두 한 성령으로 세례를 받아 한 몸이 되었고, 한 성령을 마셨습니다.

14 몸은 하나의 지체가 아니라 여러 지체로 되어 있습니다.

15 만약, 발이 '나는 손이 아니니까, 몸에 속한 것이 아니다'라고 해서 발이 몸에 속하지 않은 것이 아닙니다.

16 또 귀가 '나는 눈이 아니니까, 몸에 속한 것이 아니다'라고 해서 귀가 몸에 속하지 않은 것이 아닙니다.

17 온몸이 눈이라면 어떻게 듣고, 온몸이 귀라면 어떻게 냄새를 맡겠습니까?

18 그래서 하나님은 자신의 뜻에 따라 우리 몸에 각각 다른 지체를 두셨습니다.

19 만약, 모두 하나의 지체로 되어 있다면 몸은 어디에 있겠습니까?

20 지체는 여럿이지만 몸은 하나입니다.

고린도전서

※자신의 모습으로: Link 창세기 1:27

※여러분: 고린도 교인들 중에서도 특히 직분을 가진 자들과 은사를 받은 자들을 가리킨다.

tip 하나의 공동체

은사는 성령이 나눠 주시는 은혜의 선물이다. 그런데 고린도 교인들 가운데는 자신의 은사를 다른 은사와 비교하여 우월감을 가지거나 열등감을 느낀 이들이 있었던 것으로 보인다. 이에 바울은 볼품없는 은사라고 해도 교회 전체를 위해 필요하니 감사해야 하고, 하나님은 사소하고 볼품없는 부분을 더 귀하게 여기신다고 말한다. 또한 그리스도의 몸인 교회는 서로 대립하거나 분열하는 것이 아니라 협력하는 관계가 되어야 한다고 말한다.

13장 사랑

※했어 : Link 요한복음 13:35

※실천 : Link 요한일서 3:18

※하나님은 사랑 : Link 요한일서 4:16,17

9 우리는 지금 부분적으로 알고, 부분적으로 예언하지만 온전한 것이 올 때는 부분적인 것은 사라질 것입니다.

11 내가 어릴 때는 말하는 것, 깨닫는 것, 생각하는 것이 어린이 같았습니다.

그러나 어른이 되어서는 어린이 같은 것들을 버렸습니다.

※온전한 것: 마지막 심판의 날 이후에 올 다음 세상을 의미한다.

※어른: 믿음이 자라 객관적이고, 하나님에 대한 지식이 많은 사람을 의미한다.

12 지금 우리는 거울로 보듯 희미하게 보지만, 그때는 얼굴과 얼굴을 마주 볼 것이고,

지금은 내가 부분적으로 알지만, 그때에는 하나님이 나를 아신 것처럼 나도 온전히 알게 될 것입니다.

13 그러므로 믿음, 소망, 사랑, 이 세 가지는 항상 있을 테지만 그중 으뜸은 사랑입니다.

※거울: 당시의 거울은 지금처럼 선명하게 보이지 않았다.

tip 믿음, 소망, 사랑

위 세 가지는 믿는 우리에게 늘 함께 있어야 한다. 믿기만 하고 소망이 없다면 그것은 단순히 물건이나 세상의 이치를 믿는 것과 같다. 그것들은 믿어도 영원한 생명을 줄 수 없다. 성경에서 말하는 믿음은, 반드시 하나님이 계신 것과 그분을 믿는 자에게 영원한 생명과 구원의 상을 주신다는 것이다. Link 히브리서 11:6 그처럼 참된 믿음은 소망을 가진 믿음이다. 또한 사랑이 없는 믿음은 죽은 믿음이다. 하나님은 사람을 사랑하셔서 그들의 죄를 없애고 구원하시기 위해 자신의 외아들을 십자가의 죽음에 이르게 하셨다. 그런 하나님을 믿으면서 사랑이 없다면 그게 참된 믿음일까? 하나님의 사랑을 느끼는 자는 다른 사람을 사랑하지 않을 수 없다. 다른 사람이 곧 하나님이 사랑하시는 사람이기 때문이다. 하나님을 사랑한다고 하면서 자기 형제를 미워하면 그는 거짓말쟁이다. 보이는 자기 형제를 사랑하지 않는 사람이 보이지 않는 하나님을 사랑할 수는 없다. Link 요한일서 4:20

14장 방언과 예언

1 사랑을 구하고, 신령한 은사를 구하되 특히 예언하기를 간절히 구하십시오.

※방언: 당시 고린도 교인들이 가장 자랑으로 삼았던 은사 중에 하나다.

2 방언을 하는 자는 하나님께 말하는 것이니, 그가 성령으로 비밀을 말해도 아무도 알아듣지 못합니다.

3 그러나 예언하는 자는 사람에게 말하여 덕을 세우고, 위로하고, 격려합니다.

4 방언을 하는 자는 자신의 덕을 세우지만, 예언하는 자는 교회에 덕을 세웁니다.

고린도전서

5 난 여러분이 모두 방언을 하길 바라지만, 그보다도 예언할 수 있기를 더 바랍니다.
방언하는 자는 누가 통역해서 교회에 덕을 세우게 하지 않으면 예언하는 자보다 못합니다.
#$@#^ %&@! &$#~!!
하나님이 말씀하셨대요. 너희가 기뻐…
통역하는 자
거 귀찮네.
통역까지 있어야 하고.
6 형제들이여, 내가 여러분에게 방언만 하고, 계시, 지식, 예언, 교훈을 말하지 않는다면 무슨 유익이 되겠습니까?
#$@#^%& @!&$#~!!
뭐래?
아무 쓸모없는 괴성만 지르네.
7 피리나 거문고와 같이 생명이 없는 것들도 분명한 소리를 내지 않으면 무엇을 연주하는지 어떻게 알겠습니까?
#$@#^%~♪
ε@!ε~
아, 시끄러!
도대체 무슨 곡이야?
8 또 나팔이 분명한 소리를 내지 않으면 누가 전쟁을 준비하겠습니까?
뿌우우우우
왜 지금 기상나팔을?
집에 가라는 소리 아냐?
9 그처럼 알아듣기 힘든 방언을 한다면 그 말을 어떻게 알겠습니까? 그것은 허공에 대고 말하는 것과 같습니다.
방언도 나름 쓸모가 있는데.
우리만 미워해.
10 이 세상에는 수많은 말이 있지만 뜻이 없는 말은 하나도 없습니다.
11 하지만 내가 그 말의 뜻을 알지 못하면, 나는 그에게 이방인이 되고, 그도 나에게 이방인이 될 것입니다.
뭐야?
욕했지?
전쟁이라고?
12 여러분은 신령한 은사를 간절히 구하되 교회에 덕을 세울 수 있는 은사를 구하십시오.
방언은 혼자만 좋은 거잖아.
모두에게 덕이 되는 건 뭐니 뭐니 해도 예언이야.
13 그리고 방언하는 자는 그것을 통역할 수 있기를 기도하십시오.
은사 하나 받기도 힘든데 통역하는 은사도 받아야 해?
14 만약 내가 방언으로 기도하면, 나의 영은 기도해도 내 마음은 열매를 맺지 못합니다.
좀 전에 방언으로 기도하시던데?
뭐라고 하셨죠?
글쎄, 내가 느끼고 생각해서 한 게 아니라…
15 그러면 어찌 할까요? 나는 영으로 기도하고, 마음으로도 기도하며, 영으로 찬송하고, 마음으로도 찬송하겠습니다.
남들도 알 수 있게 해야지. 통역하는 은사를 받든가.
간단하네.

※아멘(Amen): '진실로 그러하다'라는 뜻, 기도 내용이 이루어지길 바라면서 하는 말이다.

※악에는 아이: 악을 모르는 순수한 아이라는 뜻이다.

※기록: 하나님 말씀을 듣지 않는 유대인에 대한 경고다. Link 이사야 28:11~12
※다른: B.C.722년 북이스라엘을 멸망시킨 앗시리아를 가리킨다.

그러면 그들은 엎드려 하나님께 경배하며 말할 것입니다.

tip 방언과 예언

[21절]의 '다른 방언'과 '다른 말'을 하는 앗시리아가 유대인들을 벌하려고 왔지만, 유대인들은 하나님의 말씀을 듣지 않았다. 방언은 전혀 깨달음과 유익을 주지 못했다. [22절]에서 '방언은 믿는 자들을 위한 것이 아니다'라는 말씀은, 알아듣지 못하는 방언은 사람들을 믿음으로 인도하지 못한다는 뜻이다. 이 때문에 유대인들은 방언을 하는 앗시리아의 지배를 받았지만 하나님께 순종하지 않았다. 또한 방언은 사람들을 믿지 않는 상태로 남겨 둔다. 그러나 예언은 하나님의 말씀을 전해 사람들이 깨닫고 회개하며 믿음으로 인도되게 한다.

질서 있는 예배

26 형제들이여, 여러분이 모이는 자리에는 여러 일을 하는 사람들이 있습니다.

하지만 그 모든 일을 교회에 덕을 세우기 위해서 하십시오.

27 누가 방언으로 말하면, 둘 또는 많아야 셋이서 차례로 말하고 한 사람은 통역을 하십시오.

28 만약 통역할 자가 없거든, 교회에서는 침묵하고 자신과 하나님께만 말하십시오.

29 예언하는 자들은 둘이나 셋이서 말하고 다른 이들은 그것을 판단해야 합니다.

30 만약 옆에 앉은 다른 이가 계시를 받는다면, 먼저 말하던 자는 잠잠하십시오.

31 그래야 여러분 모두가 차례로 하나님의 말씀을 전하게 되어 모두가 배우고, 격려를 받게 될 것입니다.

※다른 이들: 다음 예언을 할 사람들로 예언을 판단할 능력을 가진 것으로 보인다.

32 예언하는 사람은 자신을 다스릴 수 있어야 합니다.

33 하나님은 무질서의 하나님이 아니라, 평화의 하나님이십니다.

모든 성도가 교회에서 그렇듯 여자들의 말은 허락되지 않으니 조용히 있고, 율법대로 여자들은 복종해야 합니다.

※모든 교회: 고린도 교회뿐만 아니라 그리스도인의 모든 교회를 가리킨다.

※부끄러운: 하나님 말씀에 비추어 적절하지 않다는 뜻이다.

tip 사도 시대와 교회 시대

바울과 사도들이 교회의 기초를 세우던 시기를 '사도 시대'라 하고, 그 이후 그 기초 위에서 교회가 성장하던 시대를 '교회 시대'라 한다. 사도 시대에는 사도들이 계시와 능력을 받아 복음을 전하며, 그리스도께서 다시 오실 때까지 이어질 교회의 뿌리를 다졌다. 이때는 많은 기적과 계시가 나타났다. 그러나 이후의 교회 시대는 사도 시대와는 다른 방식으로 하나님의 섭리가 드러난다. 예수 그리스도와 사도들의 전도로 이미 튼튼한 기초(성경)가 완성되었기에 우리는 그것을 표준으로 삼으면 된다. 만약 지금도 누군가 사도들처럼 기적을 행하고 계시를 받는다면, 성경과 같은 권위를 주장하게 될 것이며, 결국 그리스도와 성경을 기준으로 세워진 그리스도교의 근간은 흔들리게 될 것이다.

15장 그리스도의 부활

※내가 받은: Link 사도행전 9:4, 23:11 Link 고린도전서 11:23

※성경대로: 그리스도의 고난과 죽음. Link 시편 22편 Link 이사야 53장 Link 스가랴 11장

고린도전서

※성경대로: 예수님 말씀을 근거로 들 수 있다.
Link 마태복음 12:39~40 Link 요나 1:17

※야고보(James): 예수님의 친동생 야고보를 가리킨다.

※이렇게: 예수 그리스도의 죽음과 부활.

죽은 자의 부활

※확인: Link 누가복음 24:39~42 Link 요한복음 20:27

tip 성경대로

첫째, 그리스도의 죽음과 부활은 우연한 사건이 아니라 하나님의 계획과 섭리 속에서 성경 말씀이 이루어진 것이다. 둘째, 유대인들은 구약에서 예언한 메시아가 다윗의 후손으로서 강력한 힘으로 자신들을 구원해 주리라 믿었다. 하지만 그리스도는 고난받는 종으로 오셨고, 자신의 백성을 위해 십자가에서 죄인으로 죽으셨다. 그의 고난과 죽음은 성경에 예언되어 있었지만 유대인들은 받아들이지 않았다. 바울은 그리스도의 고난과 죽음이 성경의 예언임을 강조한다.

14 그리스도께서 부활하지 못하셨다면, 우
리가 전하는 것도 헛되고, 여러분의 믿음
도 헛될 것입니다.

15 또 죽은 자가 다시 살아날 수 없다면, 하
나님은 그리스도를 살리지 않으셨을 것
입니다.

그렇다면 하나님이 그리스도를 살리셨다
는 우리의 증언은 하나님을 거짓으로 증
언한 것으로 드러날 것입니다.

16 죽은 자가 다시 살아날 수 없다면, 그리스
도께서도 다시 살아나지 않으셨을 것이고,

17 그리스도께서 다시 살아나지 않으셨다
면, 여러분의 믿음도 헛되고, 여러분은 여
전히 죄 가운데 있을 것이며,

18 그리스도 안에서 죽은 사람들도 멸망했
을 것입니다.

19 만약 그리스도 안에서 우리가 바라는 것
이 이 세상에만 해당된다면, 우린 누구보
다도 불쌍한 사람일 것입니다.

20 그러나 그리스도께서 죽은 자 중에 다시
살아나셔서 죽은 자들의 첫 열매가 되셨
습니다.

21 죽음이 한 사람을 통해 시작된 것처럼 죽
은 자의 부활도 한 사람을 통해 시작될 것
입니다.

※첫 열매 : 이후에도 계속 열매가 맺고,
수확을 할 것이라는 의미이다.

※죽은 자 : 그리스도 안에서 믿음을 가지고 죽은 사람을 가리킨다.
※죄 : 아담은 하나님께 불순종한 죄로 죽음의 저주를 받았다. Link 창세기 3:19

22 아담 안에서 모든 자가 죽은 것처럼, 그리
스도 안에서 모든 자가 살아나게 될 것입
니다.

23 그러나 각각 차례대로 살게 될 겁니다. 첫
째는 그리스도요, 그 다음엔 그가 다시 오
실 때 그리스도께 속한 자요,

24 마지막 날엔 그리스도께서 모든 통치, 권
위, 권력을 없애신 후 그 나라를 하나님
아버지께 넘겨 드릴 것입니다.

※마지막 날 : 심판의 날, 세상의 종말을 의미한다.

※인간적인 이유: 재물, 명예, 권력 등 사람들이 원하는 욕구를 의미한다.
※에베소(Ephesus): 소아시아 서부 해안의 주요 도시, 바울이 오랫동안 머물며 전도했다.

만약 죽은 자가 살아나지 못한다면 '내일 이면 죽을 테니 먹고 마시자'라고 할 것입니다.
33 속지 마십시오. 나쁜 친구가 좋은 습관도 망칩니다.
34 깨어있는 정신으로 죄를 짓지 마십시오.

※나쁜 친구: 부활을 부정하는 자들.

※깨어 있으라: Link 마태복음 24:42, 25:13 Link 마가복음 13:37 Link 누가복음 21:36

여러분 중에 하나님을 알지 못하는 자가 있기에 내가 여러분을 부끄럽게 하려고 이 말을 합니다.

tip 새로운 사실

바울은 부활과 마지막 날에 대한 새로운 사실을 전한다. 그리스도께서 부활하셨고, 그가 다시 오실 때 그리스도를 믿는 사람들이 부활한다. 이어서 세상의 종말, 곧 심판의 날이 시작되면서 하나님께 대적하는 악의 세력이 멸망한다. 그동안 그리스도께서 온 세상을 다스리시고, 악의 세력을 완전히 멸망시킨 후 하나님 나라가 이루어지면 그리스도께서 온 세상에 대한 지배권을 하나님께 넘겨드린다. 마지막으로 태초부터 사람들을 괴롭히고 두렵게 했던 '죽음'의 영향력은 완전히 사라지게 된다.

육체의 부활

35 누군가는 이렇게 묻습니다.

36 어리석은 자여! 그대가 뿌리는 씨는 죽지 않으면 살아나지 못합니다.
37 또 그대가 뿌리는 것은 다 자란 곡식이 아니라 밀이든지 그 밖에 다른 것이든 단지 씨앗일 뿐입니다.
38 그리고 하나님은 그분이 원하시는 대로 그 씨앗 하나하나에 고유한 형태를 주십니다.

39 모든 육체가 같은 육체는 아니니, 사람의 육체, 짐승의 육체, 새의 육체, 물고기의 육체도 있습니다.
40 하늘에 속한 것도 있고, 땅에 속한 것도 있으며, 그에 따라 각각 영광도 다릅니다.
41 해와 달과 별의 영광이 다르며, 별과 별의 영광도 다릅니다.

※천한 몸: 감정과 욕정에 의해 죄에 노출되기 쉬운 몸을 의미한다.
※약한 몸: 질병, 노화, 죽음에서 벗어나지 못하는 몸을 의미한다.
※천사 같은: Link 마태복음 22:30 Link 마가복음 12:25 Link 누가복음 20:36
※성경: Link 창세기 2:7
※마지막 아담: 예수 그리스도.
※첫 사람: 아담.
※다음 사람: 예수 그리스도.
※사람의 모습: Link 빌립보서 2:6~8
※언젠가는: 부활하게 되는 때를 가리킨다.
※마지막 나팔: 심판의 날에 그리스도께서 부활한 성도들을 모으는 나팔 소리다. Link 마태복음 24:31

54 그때서야 이렇게 기록한 성경 말씀이 이루어질 것입니다.
55 죽음아, 너의 독침이 어디에 있느냐?
56 죽음의 독침은 죄요, 죄의 권력은 율법에서 나옵니다.

※성경: 바울은 성경을 자유롭게 해석했다.
Link 이사야 25:8 Link 호세아 13:14

57 그러나 우리 주 예수 그리스도를 통해 우리에게 승리를 주시는 하나님께 감사드립니다.
58 그러므로 나의 사랑하는 형제들이여, 굳게 서서 흔들리지 말고 주님의 일에 더욱 힘쓰십시오.
여러분은 주님 안에서 이룬 여러분의 수고가 헛되지 않음을 알 것입니다.

tip 죽음의 독침은 죄, 죄의 권력은 율법

모든 사람은 죽음 앞에 놓여 있다. 그 이유는 죄 때문이다. 그리고 죄의 대가로 죽음이라는 형벌을 받는다. Link 로마서 5:12, 6:23 죽음은 죄를 독침으로 사용해서 사람을 죽음에 이르게 한다. 율법은 선한 길로 사람을 인도하지만, 그 엄격한 종교적, 윤리적 요구는 결국 사람이 죄인임을 깨닫게 하고 죽음으로 이끌 뿐이다. Link 로마서 7:10 그러므로 죄는 율법을 통해 사람을 지배하며, 그 죄를 통해 죽음이 사람을 지배한다.

16장 헌금에 대하여

1 예루살렘 성도들을 돕기 위한 헌금에 대해서, 내가 갈라디아 교회들에 지시한 대로 여러분도 그렇게 하십시오.
2 여러분은 매주 첫날에 각자 형편에 따라 얼마씩 저축해 두고, 내가 그리로 갈 때서야 헌금하지 않도록 하십시오.

※갈라디아(Galatia): 소아시아 중앙에 위치한 지방으로 안디옥, 이고니온, 루스드라 등의 도시가 있다.
※매주 첫날: 안식일과 그리스도께서 부활한 토요일의 다음 날인 일요일(Lord's Day)을 가리킨다.

3 내가 그리로 가면 여러분이 뽑은 사람에게 내가 소개 편지를 써 주겠습니다.
그러면 그가 여러분이 모은 헌금을 가지고 예루살렘으로 가게 하겠습니다.
4 만약 나도 가는 것이 좋다면, 그들은 나와 함께 갈 것입니다.

※후일: Link 사도행전 20:4
▶Link 3권 98p tip '7명의 동행'을 보라.

고린도전서

방문 계획

5 나는 마케도니아를 거쳐서 여러분에게로 가겠습니다.

※문제: 이 편지에서 언급된 고린도 교회에서 발생한 간음, 음행, 우상 숭배 등의 문제들.

6 나는 여러분과 함께 머물며 겨울을 날 듯하니, 그다음에는 내가 가려는 곳으로 보내 주길 바랍니다.

7 지금 나는 지나는 길에 여러분을 잠깐 보려는 것이 아니라, 주께서 허락하시면 한동안 함께 지내고 싶습니다.

※3개월: Link 사도행전 20:3

8 그러나 오순절까지는 에베소에 머물겠습니다.

※많은 일: Link 사도행전 14:27 Link 고린도후서 2:12 Link 골로새서 4:3 ▶ Link 3권 21p tip '오순절'을 보라.

나를 방해하는 사람도 많긴 하지만…

※이교도: 바울은 데메드리오 사건으로 서둘러 에베소를 떠나게 된다. Link 사도행전 20:1

10 디모데가 그리로 가거든, 아무 어려움 없이 여러분과 지낼 수 있도록 보살펴 주십시오. 그도 나와 함께 주의 일에 애쓰는 사람입니다.

※디모데(Timothy): 바울은 디모데와 에라스도를 함께 고린도로 보낸다. Link 사도행전 19:22

11 그러므로 아무도 그를 업신여기지 말고, 평안하게 지내다가 내게 돌아오게 하십시오. 내가 형제들과 함께 그를 기다리고 있습니다.

12 내가 형제 아볼로에게 다른 형제들과 함께 여러분에게 가라고 여러 번 권했는데 지금은 전혀 갈 뜻이 없다고 합니다. 하지만 기회가 되면 갈 것입니다.

※아볼로(Apollos): 그는 에베소에 왔다가 고린도로 가서 복음을 전했다. Link 사도행전 18:27

부탁과 끝인사

13 늘 깨어 믿음에 굳게 서서 용감하고 강건하며, 모든 일은 사랑으로 하십시오.

15 형제들이여, 스데바나의 집은 아가야에서 얻은 첫 열매요, 성도들을 섬기는 일에 스스
로 열심인 것을 여러분도 잘 알 것입니다.

16 그러므로 여러분은 그런 사람들과 그들
과 함께 일하며 수고하는 모든 사람에게
순종하십시오.

※스데바나(Stephanas): 아덴에서 바울을 만나고 고린도로 가서 가족까지 세례를 받은 것으로 보인다. Link 고린도전서 1:16
※아가야(Achaia): 고린도가 속한 그리스 남쪽 지방을 말한다.

17 나는 스데바나와 브드나도와 아가이고가
온 것을 기뻐합니다.

그것은, 여러분을 만나지 못한 것을 그들
이 채워 주었기 때문입니다.

18 그들은 나와 여러분의 마음에 기쁨을 주
었으니 여러분은 그들의 노고에 감사해
야 합니다.

※브드나도(Fortunatus), 아가이고(Achaicus): 여기서만 등장하고, 노예였다가 해방된 사람들로 보인다.

19 소아시아의 교회들과 아굴라와 브리스가
와 그 집에 모이는 교회가 주님 안에서 진
심으로 여러분에게 문안합니다.

20 모든 형제도 여러분에게 문안하니 여러
분도 거룩한 입맞춤으로 서로 인사하십
시오.

21 나 바울은 친필로 인사합니다.

※아굴라(Aquila), 브리스가(Prisca): 유대인과 로마인 부부로 고린도 교회를 세울 때 도움을 주었고, Link 사도행전 18:2
이후 바울과 함께 에베소로 왔다. Link 사도행전 18:18

22 주님이 다시 오실 때, 주 예수 그리스도
를 사랑하지 않는 모든 자에게 저주가 있
으라!

23 주 예수 그리스도의 은혜가 여러분과 함께 있기를 빕니다. 나의 사랑이 그리스도 예수
안에서 여러분 모두와 함께 할 것입니다. 아멘.

고린도후서

1장 인사

1 하나님의 뜻으로 그리스도 예수의 사도가 된 바울과 형제 디모데가 고린도에
있는 하나님의 교회와 아가야의 모든 성도에게 이 편지를 씁니다.

tip 고린도후서 2CORINTHIANS

고린도전서를 보낸 후, 에베소를 떠난 바울은 마케도니아의 한 곳에서 디도를 만나 고린도 교회의 소식을 들었다. Link 3권 98p 그곳의 문제는 고린도전서를 통해 대부분 해결되었지만 여전히 일부 불만 세력이 바울의 사도권에 의문을 제기했다. 그것은 곧 바울이 전하는 복음에 대한 의문으로 이어졌다. 이에 바울은 고린도 교회의 거짓 제자들을 질책하며, 자신의 사도권의 정당성을 주장하는 본서신을 써서 보낸다. 한편, 본서신은 바울 개인의 내면과 인품을 잘 나타낸다는 점에서 자서전적인 서신으로 평가된다.

※아가야(Achaia): 당시는 그리스 북쪽을 마케도니아, 고린도가 속한 남쪽을 아가야라고 했다.
※디모데(Timothy): 디모데전,후서의 수신자이자, 바울의 가장 중요한 동역자이며, 고린도에서 사역했다. Link 고린도전서 4:17, 16:10

위로의 하나님

3 우리 주 예수 그리스도의 아버지이신 하
나님을 찬양합시다.

그분은 자비로우신 아버지시요, 항상 위로를 주시는 하나님이십니다.

그러므로 우리도 하나님께 받는 그 위로로, 고난을 당하는 사람들을 위로할 수 있습니다.

※위로: 심리적인 위로뿐만 아니라 고난에서 직접 구원해 주시는 것도 포함한다.

5 그리스도의 고난이 우리에게 넘치는 것
과 같이, 그리스도께서 우리에게 주시는
위로도 넘칩니다.

6 우리가 고난을 당하거나 위로를 받는 것
은, 여러분도 우리에게 위로와 구원을 받
게 하려는 것입니다.

그리고 여러분은 그것으로 우리가 당하는 고난을 견뎌 낼 수 있을 것입니다.

tip 그리스도의 고난

이것은 모든 고난이 아니라 그리스도의 복음을 전하기 위해 받는 고난을 의미한다. 이 고난은 자신의 잘못으로 겪는 고난이 아니라 무고한 고난이며, 다른 사람에게 유익과 구원을 전하는 고난이다. 바울은 그리스도인에게 이런 고난은 필연적이라 보았다. 그는 그것을 그리스도의 남은 고난을 자신의 육체에 채우는 것이라고 했고, Link 골로새서 1:24 그리스도의 영광에 참여하기 위해 당연히 받아야 하는 것이라 여겼다. Link 로마서 8:17 바울은 많은 고난 가운데 하나님의 위로와 구원을 경험했기에 그 위로를 확신할 수 있었다.

고린도 방문을 연기하다

12 우리가 여러분과 세상을 대할 때 하나님의 거룩함과 진실함으로 대했으며, 세상의 지혜로 대하지 않고 오직 하나님의 은혜로 대했습니다. 우리의 양심이 그것을 증거하고, 그것이 우리의 자랑입니다.

13 우리는 여러분이 읽고 이해할 수 있는 것만 써서 보내니 이것을
완전히 이해하기를 바랍니다.

14 지금은 여러분이 우리를 대강 알지만, 주 예수의 날엔 여러분이
우리의 자랑이듯이 우리도 여러분의 자랑이 될 것입니다.

※주 예수의 날 : 마지막 심판의 날을 가리킨다.

15 나는 그런 확신을 가지고, 여러분이 두 번
의 은혜를 더 받게 하려고 했습니다.

난 먼저 여러분에게 간 후, 마케도니아로
갔다가, 다시 돌아가서 여러분의 도움으
로 유대로 갈 작정이었습니다.

17 내가 이런 계획을 어찌 대충 세웠겠습니
까? 또 세상의 욕심으로 '아니오' 라는 속
셈이면서 '예' 라고 했겠습니까?

※계획 : 바울은 고린도에 먼저 들르지 않고 마케도니아 여러 곳을 거쳐 고린도로 간다. Link 사도행전 20:2

18 하나님께서는 신실하시니, 우리가 여러분에게
'예' 하면서 동시에 '아니오' 하는 것이 아니요,

19 나와 실루아노와 디모데가 여러분에게 전한 하나님의 아들 예수 그리스도도
'예' 라고 했다가 '아니오' 라고 하시는 분이 아닙니다.

※신실하시니 : Link 신명기 7:9 Link 이사야 49:7 ※실루아노(Silvanus) : 바울의 2차 전도 여행 때 고린도에서 함께 사역한 실라의 로마식 이름이다. Link 사도행전 18:5
※1년 6개월 : Link 사도행전 18:11

20 하나님의 모든 약속은 그리스도 안에서 '예'가 되었으니, 그 안에서 우리
는 '아멘' 하며 하나님께 영광을 돌리는 것입니다.

21 우리를 여러분과 함께 그리스도 안에서 단단히 세우시
고, 우리에게 사명을 주신 분은 하나님이십니다.

※아멘(amen) : '정말 그렇게 되길 믿는다.'는 뜻으로 그리스도 안에서 성취된 사실을 믿고 하나님을 찬양하는 의미가 있다.

22 또 하나님께서는 우리를 자신의 것으
로 표시하시고,

그 보증으로 우리 마음에 성령을 주셨습
니다.

23 그런 하나님 앞에서 내 영혼을 걸고 증언하는데,
내가 아직 고린도에 가지 않은 것은 여러분을 아
끼기 때문입니다.

24 우리는 여러분의 믿음을 좌우하려는 것
이 아니라 믿음 위에 굳게 서서 오직 기쁨
을 누리게 하려는 것입니다.

2장

1 나는 다시는 슬픔을 가지고 여러분에게
가지 않기로 스스로 결심했습니다.

2 내가 여러분을 슬프게 한다면, 나는 나에
게 기쁨이 될 사람을 슬프게 하는 게 아니
겠습니까?

※다시는 슬픔을 가지고: 바울이 2차 전도 여행 중 고린도를 방문한 것 Link 사도행전 18:1
외에 한 번 더 방문했다는 걸 알 수 있다. Link 고린도후서 12:14, 13:1~2

3 내가 그 편지를 쓴 것은, 내가 거기로 가서 마땅히 기뻐해야 할
사람들에게 슬픔을 얻을까 염려하기 때문입니다.

하지만 나는 나의 기쁨이 여러분의 기쁨이라는 걸 여러분 모두
를 두고 확신합니다.

※그 편지: 바울은 고린도전서와 후서 사이에 알려지지 않은 다른 편지를 보낸 듯하다.

4 그래서 나는 큰 고통과 근심과 많은 눈물로 여러분에게 그 편지
를 썼습니다.

그것은 여러분을 슬프게 하려는 것이 아니라, 여러분을 향한 나
의 넘치는 사랑을 알려 주려는 것이었습니다.

tip 바울의 행적과 편지

본문[2:1]을 보면, 바울이 이미 알려진 2차 전도 여행 중 첫 번째로 고린도에 방문한 것 Link 사도행전 18:1 외에 한 번 더 방문했음을 알 수 있다. 바울의 두 번째 방문은 3차 전도 여행 중 에베소에서 고린도전서를 쓰고 Link 3권 94p 난 이후가 될 것이다. 고린도전서에서는 슬픈 방문에 대한 어떠한 암시도 없었기 때문이다. 이 슬픈 방문은 거짓 선생들로 인한 문제에서 비롯된 것으로 보이며 바울과 교인들에게 슬픔만 준 방문인 듯하다. 이에 바울은 고린도 방문 계획을 변경한 것으로 보인다. 또 [2:3]에서는 고린도전서와 본문 사이에 또 다른 편지가 있었음을 알 수 있다. 그 편지는 현재 알려지지 않은 것으로 바울이 슬픈 방문을 한 이후 디도를 통해 보낸 것으로 보인다. 한편, 바울에게 기쁨이 되어야 할 고린도 교인들은 여전히 거짓 선생들에게 현혹되어 온전한 신앙생활을 하지 못하고 있었다. 이에 바울은 불편한 관계를 무릅쓰고 직접 가서 문책하기보다는 편지를 보내 스스로 회개할 시간을 주고자 했다.

잘못한 자를 용서하라

5 누군가 걱정을 끼쳤다면, 내게만 걱정을 끼친
게 아니라 어느 정도는 여러분 모두에게 걱정
을 끼친 것입니다.

※누군가: 바울이 두 번째로 고린도를 방문했을 때, 바울에게 적대적이고 모욕을 준 사람을 가리킨다.

6 그자는 여러분 대다수에게 받은 처벌로
충분합니다.

※대다수: 일부 교인들은 적대자의 처벌을 반대하거나 더 엄한 처벌을 주장한 것으로 보인다.

7 그러니 여러분은 그를 용서하고, 위로해
야 합니다. 그가 지나친 슬픔에 빠지지 모
르니 말입니다.

※원하시는: 네 형제가 죄를 짓거든 꾸짖고, 회개하거든 용서해라. Link 누가복음 17:3

8 그러므로 나는 여러분이 그에게 사랑을
보여 주길 권합니다.

9 내가 그 편지를 쓴 것은 여러분이 모든 일에
순종하는지 시험해 보려는 것이었습니다.

※그 편지: 고린도전서와 후서 사이에 보낸, 지금은 알려지지 않은 다른 편지를 가리킨다.

10 여러분이 그를 용서하면 나도 용서하겠
습니다.

만약 내가 용서했다면, 그것은 그리스도
앞에서 여러분을 위해 용서한 것입니다.

11 그리고 우리가 사탄에게 이용당하지 않
게 하려는 것입니다. 우리는 사탄의 속셈
을 모르는 것이 아닙니다.

tip 그를 용서하라

그는 바울의 두 번째 고린도 방문에서 바울의 권위를 무시하고 모욕했던 것으로 보인다. 고린도 교회는 바울이 전한 복음으로 성장한 곳이다. 그러므로 그의 행위는 바울의 사역과 권위에 대한 모욕이며, 더 나아가 고린도 교회의 정당성에도 문제를 제기하는 것이다. 하지만 바울은 완곡한 표현을 쓰고 그의 이름을 밝히지 않은 채, 고린도 교인들이 그를 용서할 것을 권한다.

그리스도의 향기

12 내가 그리스도의 복음을 전하려고 드로아에 갔
을 때, 주께서 내게 그 길을 열어 주셨습니다.

※갔을 때: 바울은 에베소에서 데메드리오 소동 이후 드로아를 거쳐 마케도니아로 간다. Link 사도행전 20:1

13 그러나 나는 내 형제 디도를 만나지 못해 불편한 마음으로 그들과 작별하고 마케도니아로 갔습니다.
14 하지만 항상 그리스도 안에서 승리를 주시고, 어디서나 우리를 통해 그리스도를 아는 향기를 퍼지게 하시는 하나님께 감사드립니다.

15 우리는 하나님 앞에서 구원을 얻는 자들에게나 멸망하는 자들에게 그리스도의 향기입니다.
16 그 향기는 어떤 자들에게는 죽음의 향기가 되고, 어떤 자들에게는 생명의 향기가 되니,
이런 일을 누가 감당하겠습니까?
17 우리는 다른 사람들처럼 하나님의 말씀을 팔아먹고 살지 않습니다.
우리는 오직 진실한 마음과 하나님께 받은 것으로 하나님 앞에서, 그리스도 안에서 말할 뿐입니다.

※향기: 희생 제사를 의미하며, 바울은 모두가 하나님이 기뻐하시는 희생 제물이 되길 권했다. Link 로마서 12:1

3장 새 언약의 일꾼들

1 우리가 또 스스로 자랑한다고 생각합니까? 우리가 어떤 자들처럼 여러분에게 보일 추천장이나 여러분이 주는 추천장이 필요하다고 봅니까?

※어떤 자들: 많은 추천장으로 교인들을 현혹하고 가짜 복음을 전하는 율법주의자들로 보인다.
※추천장: 당시 일반적으로 통용되던 소개장으로, 바울은 그리스도께 직접 명령을 받았기 때문에 추천장이 없었다.

tip 드로아에 갔을 때

슬픈 고린도 방문 이후 에베소로 돌아온 바울은 디도를 통해 두 번째 편지를 보내며 드로아에서 만나기로 한 듯하다. 그러나 데메드리오 소동으로 바울은 예정보다 일찍 에베소를 떠나게 된다. Link 사도행전 20:1 약속보다 먼저 드로아에 도착한 바울은 두 번째 편지의 결과와 디도에 대한 걱정 때문에 복음을 계속 전하지 못하고 마케도니아로 향한다. 그 후 바울은 마케도니아에서 디도를 만나 두 번째 편지에 대한 소식을 듣고 본문을 기록한다.

※돌판: 십계명, 즉 율법을 의미한다.

※하나님으로부터: 나는 내게 능력을 주시는 자 안에서 모든 것을 할 수 있습니다. Link 빌립보서 4:13

※문자, 성령: 율법과 복음을 가리킨다.

※광채: Link 출애굽기 34:30

※율법은 없어질: Link 로마서 10:4
※복음은 영원: Link 마가복음 13:31

※수건: 유대인의 무지, 사랑이 없는 엄격한 율법주의, 예수 그리스도를 거부하는 것을 상징한다.

※모세의 글: 율법을 가리킨다.

※자유: 율법 아래에 매여 있는 죄와 죽음으로부터의 자유를 가리킨다.

tip 새 언약

옛 언약인 율법과 새 언약인 복음을 비교하면 다음과 같다. ① 옛 언약은 육체적인 이스라엘 민족에게 한정되지만 새 언약은 그리스도를 믿는 모든 사람에게 적용된다. ② 언약이 성립되는 과정은, 옛 언약은 하나님께 순종을 맹세하고 희생 제사를 드림으로 성립되지만, 새 언약은 예수 그리스도께서 희생 제물이 되심으로 성립된다. ③ 언약을 지키는 과정은, 옛 언약은 율법을 지킴으로 이루어지지만, 새 언약은 그리스도에 대한 믿음으로 이루어진다. ④ 언약의 결과는, 옛 언약은 죽음으로 이끌지만, 새 언약은 생명으로 이끈다.

4장 질그릇에 담긴 보물

※양심: 주석가 필로(Philo)는 양심을 하나님의 파수꾼으로 인간 안에 있는 하나님의 음성이라고 했다.

※세상의 신: 이 세상의 왕, 어둠의 주관자요 악한 영으로 불리는 사탄(Satan)을 가리킨다.

※종의 모습: Link 빌립보서 2:7

6 어둠 속에서 빛이 비치라고 하신 하나님이, 우리 마음에 빛을 비추셔서 그리스도의 얼굴에 나타난 하나님의 영광을 깨닫게 하셨습니다.

7 우리는 그 보물을 질그릇에 간직하는데, 그 큰 능력은 하나님에게서 나는 것이지 우리에게서 나는 것이 아니라는 것입니다.

8 우리는 짓눌려도 움츠러들지 않으며, 답답한 일을 당해도 낙심하지 않으며,

※보물: 복음을 가리킨다.
※질그릇: 바울을 비롯한 복음을 전하는 자들을 가리킨다.

9 핍박을 받아도 버림받지 않으며, 내팽개쳐져도 멸망하지 않습니다.

※빛: 복음을 가리킨다.
※하나님의 영광: 복음을 통해서 그리스도께 하나님의 모습이 있다는 것을 깨닫게 된다.

10 우리가 항상 예수의 죽음의 길을 짊어지고 다니는 것은 예수의 생명이 우리 몸에 나타나게 하려는 것이며,

11 우리가 살아 있으나 예수를 위해 죽음에 몸을 맡기는 것은, 우리의 죽을 몸에 예수의 생명을 나타내려는 것입니다.

※죽음의 길: 예수님이 십자가 죽음에 이르는 과정에서 겪는 고난을 의미한다.
※예수의 생명: 고난과 죽음을 겪었지만 부활하신 그리스도를 가리킨다.

12 그러므로 우리의 죽음은 여러분의 생명입니다.

13 성경에는 이렇게 기록되어 있습니다.

우리도 이 같은 믿음의 영을 가졌으므로 믿고 말합니다.

※기록: Link 시편 116:10

14 주 예수를 살리신 분이, 예수와 함께 우리도 살리셔서 여러분과 함께 서게 하실 줄 압니다.

15 여러분을 위한 이 모든 것은, 풍성한 은혜를 받은 많은 사람의 감사로 하나님께 영광을 돌리려는 것입니다.

tip 죽음의 길을 짊어지다

예수님의 고난과 죽음까지 함께한다는 의미이고, 그리스도인이 신앙을 지킬 때 예수님의 고난과 같은 어려움이 계속된다는 뜻이다. 그리고 복음을 전하기 위한 고난은 영광의 증거이며, 죽음은 구원받은 자에게 주어지는 영원한 생명, 곧 그리스도의 생명이 나타난 증거이다. 그리스도인은 고난을 통해 그리스도와 함께하고 그가 다시 오실 때 부활해 영원히 승리한다. 그러므로 그리스도인의 고난은 패배가 아니라 그리스도의 생명을 소유하는 승리의 증거이다.

겉사람과 속사람

16 그러므로 우리는 낙심하지 않습니다. 겉사람은 비록 낡아가지만 속사람은 날마다 새로워집니다.

17 그것은, 지금 우리가 잠시 겪는 가벼운 고난이 장차 지극히 크고 영원한 영광을 가져다줄 것이며,

※겉사람: 일시적인 육체를 가진 사람을 의미한다.
※속사람: 그리스도 안에 있는 영적인 사람을 의미한다.

18 우리가 바라는 것은 보이는 것이 아니라 보이지 않는 것이니, 보이는 것은 잠깐이지만 보이지 않는 것은 영원하기 때문입니다.

5장

1 땅에 있는 우리의 천막집이 무너지면, 사람이 아니라 하나님이 지으신 영원한 집이 하늘에 있는 줄 알고,

※천막집: 일시적인 사람의 육체의 한계를 의미한다.
※영원한 집: 부활 후 영원히 썩지 않는 육체를 의미한다.

2 또 우리가 그 천막집에서 탄식하며, 하늘로부터 오는 집을 덧입기를 간절히 원하는 것은,

3 그것으로 우리가 벗은 몸이 되지 않으려는 것입니다.

※벗은 몸: 죽은 뒤 몸이 썩어서 없어진 상태를 의미한다.

4 우리는 천막에 살면서 무거운 짐에 짓눌려 탄식하고 있습니다. 우리가 천막을 벗는 것이 아니라 그 위에 덧입기를 바라는 것은 죽을 것이 영원한 생명으로 살게 하려는 것이요,

5 그런 일을 우리에게 이루어 주시고, 성령을 주셔서 보증해 주신 분은 하나님이십니다.

6 그러나 우리가 알고 확신하는 것은, 이 육체로 사는 동안 주와 멀리 떨어져 있다는 사실입니다.

7 지금 우리는 믿음으로 살아가지, 보는 것으로 살아가지 않습니다.

※직접 보고: Link 고린도전서 13:12

8 우리가 담담하게 바라는 것은 차라리 몸을 떠나 주와 함께 사는 것입니다.

9 그러므로 우리가 몸에 머물든 떠나든, 주를 기쁘게 해 드리는 사람이 되기 위해 애씁니다.

10 그것은 우리 모두 그리스도의 심판대 앞에 서서 각자가 선이든 악이든 그 몸이 한 대로 받기 때문입니다.

※몸을 떠나: 바울은 죽음의 가능성도 받아들이고 있다.

tip 그리스도의 심판대

바울은 살아 있는 육체로 영원한 생명을 얻고자 했으나 결국 죽음의 가능성도 받아들인다. 그는 어떤 방식으로든 중요한 것은 그리스도를 기쁘게 하는 것이라고 했다. 마지막 날 그리스도의 심판은 영원한 생명과 영원한 죽음을 가르는 자리이며, 이미 구원받은 성도들에게는 행위에 맞는 상을 정하는 자리가 될 것이다. 그러므로 그 심판은 성도들에게 기쁨이자 도전이다. 바울이 그리스도를 기쁘게 하려는 것도 그 때문이다.

화해하라

11 그처럼 우리는 주의 두려움을 알기에 사람들에게 권합니다. 우리는 이미 하나님 앞에 드러났고, 여러분의 양심에도 드러나기를 바랍니다.

※두려움: 절대자에 대한 경외심을 의미한다.

12 그것은 우리가 다시 자랑하려는 것이 아니라, 여러분에게 우리를 자랑할 수 있는 기회를 주려는 것입니다.

그래서 실속도 없으면서 겉으로만 자랑하는 자들에게, 여러분이 대답할 말이 있게 하려는 것입니다.

13 우리가 미쳤다면 하나님을 위한 것이요, 정신이 온전했다면 여러분을 위한 것인데,

tip 미쳤다면

미쳤다는 것은 황홀경에 빠진 상태, 곧 정신이 나간 상태를 의미하는데, 이는 바울이 황홀경에 빠진 경험을 가리킨다. 여기서 말하는 사건은 곧 바울이 다마스쿠스로 가던 중 그리스도를 만난 일이나, 그리스도인을 박해하던 바울이 극적으로 변화하여 그리스도의 일꾼이 된 일 등을 뜻한다. 이런 사건들은 하나님을 위한 것이었다. 정신이 온전했다는 것은 분별력 있고 자제한다는 의미이다. 바울이 절제되고 이성적으로 복음을 전하는 것은 고린도 교인들을 위한 것이다.

14 그것은 그리스도의 사랑이 우리를 붙잡고 있기 때문입니다.

한 사람이 모든 사람을 대신해 죽으셨으니 곧 모든 사람이 죽은 것입니다.

15 그리스도께서 그렇게 죽으신 것은 살아 있는 자들이 자신을 위해 살지 않고,

자신들을 위해 죽었다가 살아나신 분을 위해 살게 하려는 것입니다.

16 그러므로 이제부터 우리는 세상의 기준으로 판단하지 않고, 세상의 기준으로 보던 그리스도도 더 이상 그렇게 판단하지 않습니다.

※이제부터: 그리스도께서 모든 사람을 위해 죽으시고 부활하셨다는 걸 알고 난 후부터.

17 누구든지 그리스도 안에 있으면 새로운 존재입니다. 옛 것은 지
나갔으니 이제 새 것이 되었습니다.

18 모든 건 하나님이 하셨고, 그분이 그리스도를 통해 우리와 화해
하게 하시고, 우리에게 화해의 직책을 주셨습니다.

※화해: 아담의 죄로 인간에게서 등을 돌리신 하나님은 그리스도께서 그 죄와 함께 죽으심으로써 인간과 화해하게 된다.

19 그건 하나님이 그리스도 안에서 사람들
의 죄를 묻지 않으시고, 세상과 화해하시
려고 화해의 말씀을 우리에게 주신 것입
니다.

※화해의 말씀: 복음.

20 그러므로 우리는 그리스도의 사절입니다.

하나님이 우리를 통해 여러분에게 권했
듯이, 우리가 그리스도를 대신하여 간청
합니다.

※화목: 먼저 화해해야 화목할 수 있다.

21 하나님이 죄를 모르는 분께 우리 죄를 대신 지우신 것은, 우리가 그리스도 안에서 하나
님의 의가 되게 하시려는 것입니다.

6장

1 하나님과 함께 일하는 우리가 권합니다. 하나님의 은혜를 헛되이 하지 마십시오. 하나
님은 말씀하셨습니다.

※말씀: Link 이사야49:8

보라, 지금이 은혜의 때요, 구원의 날입니다.

3 우리는 이 직책이 방해받지 않도록 하려고 무슨 일을 하든지 누구에게도 흠잡힐 일을 하지 않습니다.

4 우리는 모든 일에서 많은 인내로 하나님의 일꾼답게 처신합니다.

우리는 고난과 궁핍, 곤경과 매 맞음, 감옥에 갇힘과 난동, 고된 일과 잠을 자지 못함, 그리고 굶주림을 겪습니다.

6 또 우리는 순결과 지식과 오래 참음과 자비와 성령의 감화와 거짓 없는 사랑과 진리의 말씀과 하나님의 능력으로 좌우에 의로움의 무기를 들고, 영광을 받거나, 모욕을 당하거나, 비난을 받거나, 칭찬을 받으면서 이 일을 합니다.

※지식: 하나님의 그리스도를 통한 구원 계획에 대한 지식.
※무기: 바울은 그리스도인의 무장으로 성령의 검과 믿음의 방패를 언급했다. Link 에베소서 6:16, 17

우리는 속이는 사람 같으나 진실하고, 이름 없는 것 같으나 유명하고, 죽는 사람 같으나 살아 있습니다.

징벌을 받는 것 같으나 죽임을 당하지는 않고, 근심하는 것 같으나 항상 기뻐하고, 가난한 것 같으나 많은 사람을 부유하게 하며, 아무것도 가지지 않은 것 같으나 모든 것을 가진 사람들입니다.

※징벌: 바울이 당했던 여러 가지 시련.
※근심: 고린도 교회의 거짓 선생들과 그에 속아 넘어간 교인들과 유대인 등의 여러 문제들.

11 고린도의 여러분, 우리는 숨김없이 말했
고, 마음을 넓게 열어 놓았습니다.

12 우리의 마음이 좁은 것이 아니라 여러분이
스스로 마음이 좁아지게 만들었습니다.

13 내가 자녀를 타이르듯이 말하니, 그 보답
으로 여러분도 우리에게 마음을 여십시오.

tip 은혜의 때, 구원의 날

이 구절은 하나님이 이사야에게 바벨론의 포로가 된 이스라엘 백성을 구원하겠다고 약속하신 말씀이다. 그 뜻은 하나님의 구원의 때가 왔고 그때가 임박했음을 강조하는 것이다. 당시 고린도 교회에는 거짓 선생들이 다른 복음을 전했고, 일부 교인은 그 가르침에 넘어가 스스로를 지키지 못한 채 교회 안에 여러 문제를 일으켰다. 이에 바울은 지금이 구원의 때임을 강조하며, 화해의 복음을 받아들이라고 권한다. 그리스도는 뜻밖의 때에 다시 오신다고 했기 때문이다. Link 마태복음 24:50 Link 누가복음 12:40 바울은 고린도 교인들의 선택을 촉구하고, 하나님과의 화해를 요구하는 메시지를 무시한다면 하나님의 은혜를 헛되이 하는 일이라고 말한다.

살아계신 하나님의 성전

14 여러분은 믿지 않는 사람들과 멍에를 함께 메지 마십시오. 정의
와 불의가 어떻게 함께하며, 빛과 어둠이 어떻게 사귈 수 있겠습
니까?

※멍에: 믿지 않는 사람과의 결혼, 우상 숭배, 도덕적 타락, 거짓 선생의 가르침 등을 가리킨다.

15 또 그리스도와 사탄이 어떻게 화합하며, 믿는 자와
믿지 않는 자가 어떻게 손을 잡고, 하나님의 성전과
우상이 어떻게 하나가 될 수 있겠습니까?

여러분은 살아 계신 하나님의 성전입니다. 하나님은 말씀하셨습니다.

※말씀: Link 레위기 26:11,12

17

※그러므로~: Link 이사야 52:11

18

※그래서~: Link 사무엘하 7:14

7장

기뻐하는 바울

1 그러므로 사랑하는 자들아, 우리에게 이런 약속이 있으니, 모든 더러움에서 몸과 영혼을 깨끗하게 하고, 하나님을 경외하며 온전히 거룩하게 됩시다.

2 여러분은 우리에게 마음을 여십시오. 우리는 누구에게도 불의를 저지르지 않았고, 해를 끼치거나, 속여 빼앗은 적도 없습니다.

※약속: Link 고린도후서 6:16~18

3 내가 여러분을 탓하려고 이 말을 하는 게 아닙니다. 내가 전에도 말했듯이, 여러분은 우리 마음속에 있기 때문에 죽어도 같이 죽고, 살아도 같이 살려는 것입니다.

4 나는 숨김없이 다 말했고, 여러분이 자랑스럽고, 우리의 온갖 고난 중에도 큰 위로를 받고, 기쁨이 넘칩니다.

※전에도: Link 고린도후서 6:11
※신념: Link 데살로니가전서 2:8

5 우리가 마케도니아에 이르렀을 때, 쉬지 못했고, 여러 고난을 겪었는데 밖으로는 싸움이요, 안으로는 두려움이었습니다.

6 그러나, 낙심한 자를 위로하시는 하나님은 디도를 돌아오게 하시고 우리를 위로하셨습니다.

7 그뿐 아니라, 그는 여러분이 나를 그리워하고, 잘못을 뉘우치고, 변화에 열심이라는 소식을 전했습니다.

▶ Link 4권 111p tip '바울의 행적과 편지'를 보라.

※불의한 자 : 거짓 선생들.
※불의를 당한 자 : 바울.

우리를 향한 여러분의 간절한 마음을 하
나님 앞에서 알리려는 것입니다.

13 그로 인해 우리가 위로를 받았고, 디도의
기쁨으로 더욱 기뻐한 것은 그가 여러분
을 통해 힘을 얻었기 때문입니다.

14 내가 디도에게 여러분을 자랑한 적이 있
었는데 여러분은 나를 부끄럽게 하지 않
았습니다.

우리가 여러분에게 모두 진실을 말한 것과 같이, 디도에
게 여러분을 자랑한 것도 진실로 드러났기 때문입니다.

15 디도는 여러분이 두렵고 떨리는 마음으로 자신을 맞이하고 순종한 것
을 회상하며, 여러분에 대한 사랑이 더욱 깊어졌습니다. 그리고 나는
그 모든 일로 여러분을 신뢰하게 된 것을 기뻐합니다.

tip 바울의 근심

바울은 3차 전도 여행 중 에베소에서 고린도전서를 쓴 이후 고린도에 두 번째로 방문한다. 그때 거짓 선생들이 자기들의 권위를 내세우며 바울을 무시하고 모욕한 듯하다. Link 고린도후서 3:1 그런데 고린도 교인들은 그 상황에서 바울의 기대와 달리 거짓 선생들을 막지도 않고 방관자적인 입장을 취한 듯하다. 고린도 교회를 세운 바울을 무시한다는 것은 그 교회 전체를 무시하는 일임에도 그들은 심각성을 알지 못했다. Link 고린도후서 7:11 고린도의 슬픈 방문을 마치고 돌아온 바울은 디도를 통해 두 번째 편지를 써서 보냈다. 바울은 그 편지의 결과를 걱정했지만 돌아온 디도가 전한 소식은 그를 기쁘게 한다.

8장 풍성한 헌금

1 형제들이여, 마케도니아 교회들에게 베풀어 주신 하나님의 은
혜를 여러분에게 알립니다.

※마케도니아(Macedonia): 당시 그리스 북쪽을 마케도니아, 남쪽을 아가야라고 했고, 빌립보, 데살로니가, 베뢰아 교회를 가리킨다.

2 그들은 많은 고난과 시련을 겪으면서도 기쁨이 넘쳤고, 극심한
가난 속에서도 넉넉하게 베풀었습니다.

3 내가 증언하니, 그들은 할 수 있는 만큼이 아니라, 그 이상을 스
스로 베풀었으며,

4 그 선물을 받아 예루살렘의 성도들을 돕는 특권에 동참하게 해 달라고 간절히 요청했습니다.

5 그들은 우리의 기대 이상으로, 먼저 자신들을 주께 바치고, 하나님의 뜻을 따라 우리에게도 헌신했습니다.

6 그래서 우리는 디도에게 이미 여러분이 시작한 이 은혜로운 일을 완수하라고 권했습니다.

※선물: 가뭄으로 어려움을 겪는 예루살렘을 돕는 헌금.

7 여러분은 믿음과 언변과 지식과 간절한 마음과 우리를 향한 사랑이 풍성한 것처럼 이 은혜로운 일에도 풍성하길 바랍니다.

8 나의 이 말은 명령이 아니라, 다른 사람들의 열정을 통해 여러분의 사랑도 진실한지 확인하려는 것입니다.

※다른 사람들: 마케도니아 교인들.

9 여러분은 우리 주 예수 그리스도의 은혜를 알고, 부유하신 그가 여러분을 위해 가난하게 되신 것은, 그의 가난을 통해 여러분을 부유하게 하시려는 것입니다.

10 내 의견을 말씀드리면, 이 일은 여러분에게 유익하고, 이미 일 년 전에 여러분이 원해서 시작했습니다.

11 그러므로 이제 여러분이 처음 원했을 때의 열정과 지금 가진 것으로 그 일을 완성해야 합니다.

12 기쁜 마음으로 바치면 하나님은 있는 그대로 받으실 것이고, 없는 것까지 받지는 않으실 것입니다.

13 지금 나는 다른 사람들을 편안하게 하고, 여러분을 괴롭히려는 게 아닙니다.

14 여러분이 넉넉할 때 그들의 부족을 채워 주고, 그들이 넉넉할 때 여러분의 부족을 채워 공평하게 하려는 것입니다.

15 그것은 성경에 기록된 것과 같습니다.

※기록: Link 출애굽기 16:18

tip 부유하나 가난하게

바울은 두 번째 편지를 디도에게 보내면서, 고린도 교회가 예루살렘 교회를 돕기 위한 헌금 문제를 마무리 짓는 임무도 맡겼다. 그는 사도의 권위로 명령하기보다 스스로 참여하도록 권하고, 값없이 구원의 은혜를 베푼 그리스도를 본받길 원한다. 그리스도는 하나님의 아들로서 하늘의 부유함을 버리고 가난하고 천한 사람으로 오셔서 머리 둘 곳조차 없는 고난의 삶을 사셨으며, 결국엔 모든 사람의 부유함, 곧 구원을 위해 십자가에서 가난한 모습으로 죽으셨다. 바울은 이 같은 그리스도의 은혜를 받은 자는 마땅히 그를 본받아 자신의 부유함을 가난한 성도들을 위해 내놓을 수 있어야 한다고 말한다.

디도 일행을 파견하다

16 여러분을 위해 애쓰는 나와 같은 열정을 디도의 마음에 주신 하나님께 감사드립니다. 그는 우리의 부탁을 받아 자신의 열정으로 여러분에게 갔습니다.

18 우리는 디도와 함께 한 형제를 보냈는데, 그는 복음을 전하면서 모든 교회에서 칭찬을 받는 자요,

19 주의 영광과 여러분의 좋은 뜻을 위해, 이 은혜로운 일을 우리와 함께 섬기고 동행하도록 여러 교회에서 선택된 사람입니다.

20 우리가 이렇게 신중한 것은, 우리에게 맡겨진 많은 헌금을 두고 아무도 비난하지 못하게 하려는 것이며,

21 주 앞에서뿐만 아니라, 사람들 앞에서도 바르게 처신하려는 것입니다.

22 우리는 그들과 함께 또 한 형제를 보냈는데, 그가 모든 일에 열심인 것을 여러 번 확인했습니다.

그는 지금 여러분을 크게 신뢰하고 있으므로 더욱 열심입니다.

23 디도는 내 동료요, 여러분을 위한 나의 일
꾼이며, 그 형제들은 여러 교회의 대표요,
그리스도의 영광입니다.

24 그러므로 여러분이 그들에게 사랑을 보
여 준다면, 우리가 여러분을 자랑한 것이
사실임을 여러 교회가 알 것입니다.

※형제들: 이 두 사람에 대해서 알려진 것은 없다.

tip 디도와 그 형제들

바울은 디도와 다른 두 명의 형제를 고린도 교회에 보낸다. 그것은 바울과의 관계에서 생길 수 있는 의혹이나 인간적 의심을 막고, 불필요한 오해를 차단하기 위한 선택이다. 바울에게 가장 중요한 것은 주님께 인정받는 것이지만, Link 고린도전서 4:4 자신으로 인해 나쁜 평판이 생기는 것은 복음 전파에 방해가 되기에 신중하게 처신한다. 그는 교회에서 뽑힌 대표와 여러 검증을 거친 믿을 만한 사람을 디도와 함께 보낸다.

9장 가난한 성도를 위한 헌금

1 여러분의 열성을 알기 때문에, 내가 예루
살렘의 성도들을 돕는 일에 대한 글을 더
쓸 필요가 없습니다.

내가 마케도니아 사람들에게 여러분을
자랑했는데, 그 열성을 듣고 많은 사람이
분발했습니다.

※아가야(Achaia): 그리스 남쪽을 가리키며, 고린도는 아가야 지방의 수도였다.

3 내가 형제들을 보낸 것은, 우리가 여러분
을 자랑한 것이 헛되지 않게, 내 말대로
준비시키려는 것입니다.

※형제들: 디도와 마케도니아 교회에서 선택된 두 사람을 가리킨다. Link 고린도후서 8:23

4 그런데 마케도니아 사람들이 나와 함께 가서 여러분이 준비하
고 있지 않은 것을 본다면,

여러분뿐만 아니라 우리도 믿고 자랑했던 것 때문에 부끄러움
을 당할까 염려합니다.

5 그러므로 나는 형제들에게 먼저 가서, 여러분이 전에 약속한 헌
금을 미리 준비시킬 필요가 있다고 생각했습니다.

그렇게 해야 그것이 마지못해 낸 것이 아닌 참다운 헌금입니다.

6 그것은 적게 심는 사람은 적게 거두고, 많이 심는 사람은 많이 거둔다는 말
입니다.

7 각자 마음에 정한 대로 내고, 아까워하거나 억지로
내지 마십시오. 하나님은 기쁘게 내는 자를 사랑하
십니다.

※적게~: 여러 구절에서 자유롭게 인용했다. Link 잠언 11:24, 25, 19:17

※하늘에: Link 마태복음 6:20 Link 누가복음 12:33

8 하나님이 여러분에게 온갖 은혜를 넘치
게 하신 것은, 항상 넉넉하여 온갖 선한
일을 하게 하시려는 것입니다.

9 그것은 성경에 기록한 것과 같습니다.

10 농부에게 씨와 양식을 주시는 하나님이,
여러분이 뿌린 씨를 번성하게 하시고 의
로움의 열매를 주셨으니,

※성경: Link 시편 112:9

11 풍족한 여러분이 넉넉하게 헌금할 것이고, 우리가
그것을 전달하면 많은 사람이 하나님께 감사할 것
입니다.

12 여러분의 이 봉사는 그들의 궁핍을 채워줄 뿐만 아니라, 하나님에 대한 감사
도 넘치게 할 것이고,

※그들: 예루살렘 교회의 사람들.

13 여러분이 그리스도의 복음을 믿고 순종한 것과 그들뿐만 아니라 모든 사람
을 너그럽게 도왔다는 것이 증거가 되어 그들이 하나님께 영광을 돌릴 것
입니다.

14 또 여러분에게 주신 하나님의 넘치는 은혜를 본 그
들도 여러분을 그리워하고, 여러분을 위해 기도할
것입니다.

15 참으로 말로 다 할 수 없는 선물을 주시는 하나님께 감사합니다.

tip 여러분을 위한 기도

고린도 교인들의 헌금은 하나님의 은혜로 복음을 믿고 순종한 증거가 된다. 이에 예루살렘 교인들은 하나님께 감사드리고, 영광을 돌리며, 그들을 위해 기도하는 결과로 나타난다. 이는 유대인 교회와 이방인 교회가 같은 하나님을 섬긴다는 형제애가 생겨났다는 뜻이며, 복음이 더욱 넓게 뻗어 나갈 수 있는 밑거름이 된다. 그것은 유대인 교인과 그리스인 교인 사이에 할례로 인한 심한 갈등이 있었다는 것을 감안하면 큰 변화라고 할 수 있다. Link 사도행전 15:1~21

10장 사도권에 대한 변호

1 여러분과 함께 있으면 비굴하고, 떠나 있으면 담대하다는 나 바울이 그리스도의 온유함과 관대함으로 권합니다.

2 우리에게 욕망을 쫓는다고 헐뜯던 자들을 다루듯 내가 여러분을 심하게 대하지 않기를 바랍니다.

3 우리가 비록 육체를 입고 살고 있지만 육체의 욕망을 따라 싸우는 것은 아닙니다.

4 우리가 전쟁에 사용하는 무기는 육체의 무기가 아니라, 요새도 무너뜨리는 하나님의 능력입니다.

※육체의 무기 : 세상의 학문, 사람 간의 영향력, 권위 있는 추천장, 사람을 현혹시키는 말 등.
※요새도 무너뜨리는 : Link 여호수아 6:20

5 우리는 이 무기로 헛된 이론과 하나님을 아는 지식에 대항하는 교만을 쳐부수고, 모든 계략을 사로잡아 그리스도께 복종시킵니다.

6 그리고 여러분이 완전히 복종하면 우리는 복종하지 않는 자들을 처벌할 준비가 되어 있습니다.

7 여러분은 겉으로 드러나는 것만 봅니다.
이건 주님이 직접 써 주신 추천장이야.
난 하나님의 계시를 직접 받았다고.
대단한데?
바울보다 낫네.
누군가 그리스도께 속한다고 믿는다면, 자기가 그리스도께 속한 것처럼 우리도 그리스도께 속한다는 것을 알 것입니다.
우리가 그리스도의 사도들이야.
예수님은 바울을 만난 적이 없대.
어쩐지.
바울이 뻥친 거야?
8 주께서 우리에게 주신 사도의 권위는 여러분을 무너뜨리려는 것이 아니라 세우기 위한 것이니, 내가 좀 지나치게 자랑한다 해도 부끄럽지 않습니다.
근데 당신들이 온 후로는 교회 상태가 영 안 좋아.
바울이 있을 땐 이렇지 않았어.
무슨 소리, 날로 번창하는데.
멋지기만 하구만.
9 나는 편지로 여러분을 겁을 주려는 것처럼 보이고 싶지는 않습니다.
직접 볼 때는 별말도 안 하더니.
편지로 우릴 협박하는 거야.
10 나를 두고 이렇게 말하는 사람들이 있습니다.
바울의 편지는 무겁고 힘이 있지만, 직접 대할 때는 약하고 말도 시원찮아.
별것도 아닌 것들이 안 보이는 데서 센 척하잖아.
11 그들은, 떠나 있을 때 편지를 쓴 자와 함께 있을 때 말하던 자가 같은 사람이라는 것을 알아야 합니다.
내가 늘 좋은 말만 할까?
날씨 좋구나야.
화르르
꿀꺽
12 우리는 스스로 자랑하는 자들과 같은 부류가 되거나, 그들과 비교하려고 하지 않습니다.
이건 공신력 있는 기관의 추천장이야.
이건 MBS 성경 대회 우승 메달.
그러거나 말거나.
그들은 자신을 기준으로 자신을 평가하고, 자신을 기준으로 자신을 비교하니 지혜롭지 못합니다.
내가 곧 빛이요, 진리다!
나만큼 잘난 사람 있으면 나와 보라고 해!
끌끌.
13 우리는 분수에 넘치는 자랑을 하지 않고, 오직 하나님께서 정해 주신 범위 안에서 여러분에게 다다른 것입니다. 그러므로 우리가 여러분에게 갈 사람이 아니면서 범위를 넘어서 간 것이 아니요,
이방 선교는 바울 사도에게 맡기겠소.
주님은 나를 이방인의 사도로 부르셨고, 그래서 우리가 고린도에 복음을 전할 수 있었어.
우리가 그리스도의 복음을 전하던 중에 여러분에게까지 이르게 된 것입니다.
고린도는 내 담당인데 누가 나도 모르게 들어와?
그러니 무허가 짝퉁 사도죠.
치사하게 텃세냐?

15 우리는 남이 수고한 일을 가지고 내 것인 양 자랑하려는 것이 아니라,

여러분의 믿음이 자라면 그 가운데서 우리의 활동 범위가 더 넓게 확장되길 바라는 것입니다.

16 그러면 우리는 고린도 지역을 넘어서 복음을 전할 수 있을 것이고, 남들이 이룬 일을 자랑하고 싶지 않습니다.

※넘어서: 로마와 스페인 등을 가리킨다.

17 자랑하려는 자는 주 안에서 자랑해야 합니다. Link 예레미야 9:24

18 주의 인정을 받는 자는, 스스로 자랑하는 자가 아니라 주께서 칭찬하는 자입니다.

tip 거짓 선생들의 공격

바울은 고린도에서 두 번째 슬픈 방문을 마친 뒤, 단호한 두 번째 편지를 보냈다. 이에 거짓 선생들은 바울이 편지에선 담대하지만 직접 보면 비굴하다고 공격했다. 그들은 바울의 권위를 훼손시키고, 왜곡된 복음을 전하면서 자신들이 그리스도에 속한 사도라 주장해 교인들을 미혹했다. 일부 교인들은 이에 속아 거짓 선생들을 따른 것으로 보인다. 이에 바울은 교인들에게 진실을 분별해 누가 진정한 그리스도의 사도인지 판단하길 요구한다.

※자랑: 바울의 자랑은 결국 주님을 높이려는 것이다.

11장 바울과 거짓 사도들

1 여러분은 내가 좀 어리석은 말을 하더라도 용납해 주길 바랍니다.

2 나는 하나님의 근심으로 여러분을 몹시 걱정하고 있습니다.

내가 여러분을 순결한 처녀로, 남편이 되실 그리스도께 드리려고 약혼시켰기 때문입니다.

3 나는 하와가 뱀의 속임수에 넘어간 것처럼 여러분의 마음이 그리스도의 진실함에서 떠나 타락할까 두렵습니다.

4 여러분은 우리가 전하지 않은 다른 예수나 다른 영이나 다른 복음을 잘도 받아들입니다.

5 나는 위대하다고 하는 그 사도들보다 조금도 뒤지지 않는다고 생각합니다.

6 비록 내가 말재주는 부족하지만 지식은 그렇지 않다는 것을 모든 일에서 이미 여러분에게 보여 줬습니다.

7 내가 여러분을 높이려고 나를 낮추어 값없이 하나님의 복음을 전한 것이 죄란 말입니까?

※겉만: Link 고린도후서 10:7

8 나는 다른 교회들에게 사례를 받아 여러분을 섬겼는데, 곧 그들의 것을 빼앗아 여러분을 도운 셈입니다.

9 또 내가 여러분과 같이 있을 때 부족함이 있어도 아무에게 폐를 끼치지 않은 것은 마케도니아에서 온 형제들이 내게 부족한 것을 채워 주었기 때문입니다.

※다른 교회들: 마케도니아 지방의 교회들을 가리킨다. Link 고린도후서 8:2

나는 모든 일에 여러분에게 폐를 끼치지 않으려고 조심했고, 앞으로도 조심할 것입니다.

10 내 속에 있는 그리스도의 진실을 두고 말하지만 아가야 지방에서는 아무도 나의 이런 자랑을 막지 못할 것입니다.

11 내가 왜 그럴까요? 내가 여러분을 사랑하지 않기 때문입니까? 내가 여러분을 사랑하는 것은 하나님이 아십니다.

※아가야(Achaia): 그리스 남쪽을 가리키며, 아가야 지방의 수도는 고린도였다.

12 나는 앞으로도 지금처럼 해서, 우리처럼 인정받으려고 기회를 찾는 자들이 자랑할 싹을 끊겠습니다.

13 그런 사람들은 거짓 사도요, 속이는 일꾼이요, 그리스도의 사도로 위장하는 자들입니다.

14 그건 놀랄 일이 아닙니다. 사탄도 빛의 천사로 위장합니다.

15 그러니 사탄의 일꾼이 의로운 일꾼으로 위장한다고 해도 놀랄 일이 아닙니다.

그들의 마지막은 그들이 한 대로 돌려받을 것입니다.

tip 값없이 전하는 복음

바울은 첫 번째 서신에서 복음을 전하는 자로서 사례를 요구할 권리가 있지만 사용하지 않았다고 했다. Link 고린도전서 9:4~18 그러나 고린도 교회의 거짓 사도들은 사례를 받았고, 사례를 받지 않는 바울은 그들의 이익에 방해가 된다는 이유로 거짓 사도라 모함했다. 바울은 자신을 낮춰 인간을 구원하신 예수 그리스도의 복음을 따라 살았다. 그가 사례를 받지 않은 것도 자신을 낮추고 고린도 교인들을 높이려는 뜻이었다.

고난은 바울의 자랑

16 여러분은 내가 어리석게 보이더라도 내 자랑을 좀 더 들어 주십시오.

17 지금 내가 말하는 것은, 주의 말씀이 아니라 어리석은 자들처럼 자랑을 늘어놓는 것입니다.

18 많은 사람이 세상의 일을 가지고 자랑하니 나도 자랑해 보겠습니다.

※세상의 일 : 혈통, 업적, 권위, 지위 등 세상 사람들의 기준을 의미한다.

19 여러분은 지혜로운 사람들이라 어리석은 자들을 잘 받아주고,

20 누가 여러분을 종으로 삼아도, 착취하거나 속이거나, 무시하거나 뺨을 때려도 잘 받아줍니다.

21 부끄럽지만 우리는 약해서 여러분을 밟지 못했습니다. 그러나 이제 나도 어리석은 자랑을 할 것입니다.

22 그들이 히브리인이오? 나도 그렇소. 그들이 이스라엘인이오? 나도 그렇소.
그들이 아브라함의 후손이오? 나도 그렇소.

23 그들이 그리스도의 일꾼이오? 어리석은 말이지만
나는 더욱 그렇소.

나는 수고도 더 많이 하고, 감옥에도 더 많이 갇혔고, 매도 더 많이 맞고, 여러 번 죽을 뻔했습니다.

24 유대인들에게 마흔에서 하나를 뺀 매를 맞은 것이 다섯 번이요,

※39대: 유대인에게 '40'은 심판을 의미했으며, 숫자를 세는 과정에서 착오로 40을 넘지 않도록 39대까지만 때렸다. Link 신명기 25:3

25 채찍으로 맞은 적이 세 번, 돌로 맞은 적이 한 번, 배가 난파된 적이 세 번 있었고, 밤낮
하루를 바다에서 표류하기도 했으며,

26 잦은 여행으로 강의 위험, 강도의 위험, 동족의 위험, 이방인의 위험, 도시의 위험, 광야
의 위험, 바다의 위험, 거짓 형제의 위험을 당했습니다.

27 또 수고하고, 힘쓰고, 밤을 지새우고, 굶주리고, 목마르고, 추위에 떨고, 헐벗었습니다.

28 그런 고난 외에도 날마다 내 마음을 짓누르는 것이 있으니 그것은 모든 교회에 대한 염려입니다.

29 누가 믿음이 약해지면, 내가 아파하지 않겠습니까? 누가 죄에 빠지면 내가 애타지 않겠습니까?

30 내가 꼭 자랑해야 한다면, 내 약점들을 자랑하겠습니다.

31 영원히 찬양을 받으실 주 예수의 아버지 하나님이 내 말이 거짓이 아님을 아십니다.

32 다마스쿠스에서 아레다 왕의 총독이 나를 잡으려고 성을 지키고 있었는데

※아레다(Aretas): B.C. 9년에서 A.D. 40년까지 아라비아, 시리아, 다마스쿠스가 속한 나바테아의 왕이었다.

33 나는 광주리를 타고 성벽의 창문으로 내려가서 그의 손아귀에서 벗어났습니다.

tip 바울의 자랑

고린도 교인들은 거짓된 자들의 자랑에 현혹되어 바울을 등지고, 교인들 위에서 횡포를 일삼는 그들의 비위를 맞춰 주었다. 이에 바울은 하나님 앞에 자랑하는 것이 어리석다 했지만 조심스럽게 자신의 자랑을 한다. 그러나 그 자랑은 승리와 권위를 드러내는 것이 아니라 실패와 고난을 나타내는 자랑이다. 그것은 인간의 약함에서 하나님의 능력이 나타나는 십자가의 길이며, 자신의 삶은 고단하지만 타인을 유익하게 하려는 전도자의 삶이다.

12장 주께서 주신 환상과 계시

1 자랑해서 이로울 것은 없지만 주께서 보여 주신 환상과 계시도 말해 볼까 합니다.

2 내가 그리스도를 믿는 한 사람을 아는데, 그는 십사 년 전에 셋째 하늘에 이끌려 갔습니다.

※한 사람: 바울 자신을 겸손하게 표현한 것이다.
※셋째 하늘: 유대인들은 하늘을 일곱 층으로 나뉘어 있다고 생각했으며 그중 한 곳이라고 보았다.

3 그때 그의 몸이 올라간 것인지, 몸을 나온 영이 올라간 것인지 나는 모르지만 하나님은 아실 겁니다.

4 그가 낙원에 이끌려 가서 말로 표현할 수도 없고, 사람이 말해서도 안 되는 말씀을 들었습니다.

5 그런 경험이 그에게 자랑거리가 되겠지
만, 나는 내 약점만 자랑하겠습니다.

6 또 나는 자랑하더라도 진실을 말할 것이므
로 어리석은 사람은 되지 않을 것입니다.

하지만 누가 내게서 보고 들은 것 이상으
로 나를 평가할까 두려워서 자랑을 그만
두겠습니다.

7 하나님은 엄청난 계시를 받은 내가 교만
해질까 봐, 몸에 가시, 곧 사탄의 사자가
나를 치게 하셨습니다.

※가시: 질병이나 장애로 보이며, 일상생활 중에 상당한
고통과 방해가 된 것으로 보인다.

8 나는 그것이 내게서 떠나게 해 달라 주께
세 번 간청했으나 주께서 말씀하셨습니다.

이에 나는 크게 기뻐하며 내 약점을 자랑
하니, 그것은 그리스도의 능력이 내게 머
물게 하기 위해서입니다.

10 그러므로 나는 그리스도를 위해 병약함과 모욕과 궁핍과 박해와 고난을 더욱 기뻐합
니다. 내가 약한 때가 곧 내가 강한 때이기 때문입니다.

tip 약점을 자랑하다

거짓된 자들은 권위 있는 추천장으로 자신들을 그리스도의 사도로 내세우고, 환상과 계시를 경험했다면서 교인들을 미혹했다. 하지만 바울은 하나님의 환상과 계시를 함부로 떠벌이는 것을 비판하고, 오히려 자신의 약함을 자랑한다. 또 그들은 모든 일을 자신들의 능력이라 여기며 스스로 영광을 받았지만, 바울은 자신을 보잘것없고, 약한 자로 여겨 모든 일을 그리스도의 능력으로 돌리고, 영광도 그리스도께 돌린다.

고린도 교회에 대한 염려

11 나는 어리석은 자가 되었는데, 나를 인정해 주어야 할 여러분이
그렇게 만들었습니다.

비록 내가 보잘것없는 사람이지만 저 위대한 사도들보다 조금
도 부족한 것이 없습니다.

12 내가 사도라는 증표는, 여러분에게 보여 준 모든 인
내와 놀라운 일과 기적과 능력으로 알 수 있습니다.

13 내가 여러분에게 폐를 끼치지 않은 것 외에, 여러분에게 다른 교회들보다 못해
준 것이 무엇입니까? 그것이 불공평하다고 생각했다면 용서하십시오.

14 지금 나는 세 번째로 여러분에게 갈 준비를 하지만, 이번에도 여
러분에게 폐를 끼치지는 않겠습니다.

그것은 어린 자식이 부모를 위해 재산을 쌓는 것이 아니라, 부모
가 어린 자식을 위해 재산을 쌓는 것과 같습니다.

※세 번째: 첫 번째 방문은 Link 사도행전 8:1 두 번째 방문은 고린도전서를 보낸
이후 슬픈 방문이었다. Link 고린도후서 2:1

15 그처럼 나는 여러분의 영혼을 위해 기쁘게 비용을 쓰고, 몸까지 희생하니,
내가 여러분을 사랑하는 만큼 여러분도 나를 사랑해야 하지 않겠습니까?

16 내가 여러분에게 짐이 된 일이 없는데도, 어떤 자들은
내가 교활한 속임수로 여러분을 갈취했다고 합니다.

17 내가 여러분에게 보낸 사람들 중에 누구
라도 여러분을 갈취한 적이 있습니까?

18 내가 디도를 한 형제와 함께 보낸 적이
있는데, 디도가 여러분을 갈취했습니까?

※보낸 적: Link 고린도후서 8:23

디도와 내가 같은 정신으로 일하고, 같은 방식
으로 살지 않았다는 말입니까?

19 우리가 여러분에게 변명하는 걸로 생각
합니까?

사랑하는 사람들아, 우리가 그리스도 안
에서, 하나님 앞에서 말하니, 이 모든 것
은 여러분의 덕을 세우려는 것입니다.

20 내가 가서 만날 때, 여러분이 내 기대에 어
긋나거나 내가 여러분의 기대에 어긋나
지 않을까 두렵고,

또 여러분 중에 다툼과 시기와 분노와 분쟁과 비방과 험담과 교만과 혼란이 있지 않을
까 두렵습니다.

21 그리고 내 하나님이 여러분 앞에서 내게
부끄러움을 주실까 두렵고,

예전에 여러 사람들이 저질렀던 부정과
음란과 방탕을 회개하지 않는 것을 보고
슬퍼할까 걱정이 됩니다.

※예전에: Link 고린도전서 5:11, 6:11

13장 마지막 당부

1 나는 이제 세 번째로 여러분을 방문할 텐데, 모든 소송은 두세
증인의 말을 듣고 결정될 것입니다.

※두세 증인: 유대인은 전통적으로 재판을 할 때 두세 증인이 필요했다.
Link 신명기 19:15

2 내가 두 번째 방문 때도 경고했지만 다시 경고합니다.

내가 지금은 멀리서 글로 쓰지만, 이번에 가면 그때처럼 죄 지은 자들과 그밖의 자들을 용서하지 않을 것입니다.
문제 있는 자들을 쫓아내야 해요.
바울 사도가 오기 전에 우리 직접 해결하는 게 낫소.
무슨 소리, 우린 형제잖아.
어머, 그런 잔인한 말을 하다니.
3 여러분은 내 안에서 말씀하시는 그리스도의 증거를 찾지만,
사도라는 증거를 보여 주셔.
예루살렘 교회의 추천장이라든가.
다 보여 줬는데 뭘 또 보여 줘?
※증거: Link 갈라디아서 3:5 Link 고린도전서 2:4, 12:9 Link 고린도후서 12:12
그리스도께선 여러분에게 약하지 않고 여러분 안에서 강한 능력을 보여 주실 것입니다.
내가 약하다고 주님의 능력도 약하다고 생각하지 마.
왠지 좀 겁나는데?
빨리 문제를 처리해야겠어.
꿀꺽
4 그리스도께선 약하셔서 십자가에서 죽으셨지만 하나님의 능력으로 살아 계시고,
내가 약해서 죽었기 때문에 하나님의 부활의 능력이 나타난 거야.
우리도 그리스도 안에서 약하지만 하나님의 능력으로 그와 함께 살 것입니다.
우리도 약해져야 하나님의 능력이 나타날 수 있어.
5 여러분이 믿음 안에 있는지 자신을 돌아보고, 입증해 보십시오.
너희는 늘 나의 외적인 부분으로 사도의 권위를 시험했어.
이젠 남이 아니라 자기 속에 있는 믿음을 시험해 봐.
내 속의 믿음을 증명하라고?
어떻게?
예수 그리스도께서 여러분 안에 계시다는 것을 알지 못합니까? 모른다면 여러분은 실격자입니다.
자신의 내면을 봐. 그곳에 주님이 계시는지.
내 믿음도 거짓이 아냐.
내겐 분명히 주님이 계셔.
이런 곳에 주님이?
뻥이야. 뻥.
6 그러나 나는 우리가 실격자가 아니라는 것을 여러분이 알기를 바랍니다.
우리가 실격자면 너희의 믿음은 어디서 온 거지?
우리 믿음은 사도가 전해 준 거잖아.
우리 믿음이 진짜면 사도도 진짜네.
그거 우리가 전해 준 거 아냐?
7 우리는 여러분이 악을 저지르지 않기를 하나님께 기도합니다.
너희가 주님의 믿음 안에서 선하게 살길 바라.
우린 반댈세.
그러면 우리 밥그릇은?

그것은 우리가 그리스도의 사도로 인정 받지 못할지라도 여러분은 옳은 일을 하게 하려는 것입니다.

8 우리는 진리를 거슬러서는 아무것도 할 수 없고, 오직 진리를 위해서만 할 수 있으니,

9 우리는 약하더라도 여러분이 강하면 기뻐하고, 여러분이 온전하게 되기를 기도합니다.

10 내가 이렇게 편지를 쓰는 것은, 내가 여러분을 만날 때 심하게 대하지 않고 주께서 주신 권한으로 여러분을 무너뜨리지 않고 세우려는 것입니다.

tip 마지막 경고

바울은 고린도 교인들이 스스로의 잘못을 깨닫고 회개하며 문제를 해결하길 바라는 한편, 계속된 죄악이 일어난다면 하나님이 주신 권한으로 징계할 것을 경고한다. 그리고 이 편지를 보낸 후 바울은 고린도를 방문한다. Link 사도행전 20:3 그렇다면 고린도 교회의 문제는 어떻게 해결되었을까? ① 고린도 방문 중에 쓴 로마서에서 고린도 교회에 대한 문제가 전혀 언급되지 않았다. ② 고린도의 문제가 원만히 해결되지 않았다면 바울이 로마와 스페인으로의 전도 여행을 계획할 수 없었을 것이다. Link 로마서 15:24, 28 ③ 고린도 교회는 바울의 권고를 받아들여 어려움에 처한 예루살렘 교회를 위한 헌금을 했다. Link 로마서 15:26 이러한 사실로 보아 고린도 교회의 문제는 바울이 바라던 방향으로 해결된 것으로 추정된다.

인사와 축복

11 끝으로 형제들이여, 기뻐하고, 온전하게 되고, 서로 격려하고, 마음을 같이 하고, 평안하십시오. 그리하면 사랑과 평화의 하나님께서 여러분과 함께 하실 것입니다.

※온전: 무질서, 방탕함에서 벗어나서 회복하는 걸 의미한다. ※격려: 다툼, 분쟁, 험담을 끝내는 걸 의미한다.
※마음을 같이: 하나의 복음, 하나의 그리스도, 하나의 하나님이라는 복음 안에서 분열하지 않길 바라는 것이다.

12 거룩한 입맞춤으로 서로에게 인사하십시오. 모든 성도가 여러분에게 문안합니다.

※모든 성도: 이 편지를 쓸 때 함께 있던 마케도니아 지방의 빌립보 교회의 성도들로 보인다.

13 주 예수 그리스도의 은혜와 하나님의 사랑과 성령과의 교제가 여러분 모두와 함께하기를 빕니다.

로마서

1장 인사

1 예수 그리스도의 종인 나 바울은 사도로
부름을 받아 하나님의 복음을 전하도록
선택되었습니다.

2 이 복음은 하나님이 예언자들을 통해 성
경에서 미리 약속하신 그의 아들에 관한
것인데,

3 그 아들은 육신으로는 다윗의 후손으로
태어나셨으며,

※이새의~: Link 이사야 11:1

4 거룩한 영으로는, 죽은 자들 가운데서 부활하셔서 능력으로 하
나님의 아들로 인정되신 우리 주 예수 그리스도입니다.

※거룩한 영: 성령과는 약간 다른 의미로 예수님 안에 계시는 성령을 가리킨다.

5 우리는 그를 통해 은혜를 입고 사도의 직분을 받아 그 이름을 전
해서 모든 이방인이 믿고 순종하게 하려는 것입니다.

※우리: 다른 모든 사도를 포함한다.

6 여러분도 이방인 중에서 예수 그리스도의 것으로 부름을 받은
사람들입니다.

7 하나님이 사랑하시고 거룩한 백성으로 부르신 로마에 있는 모든 자에게, 하나님 우리 아버지와 주 예수 그리스도의 은혜와 평화가 함께하기를 빕니다.

※부르신: 우리가 하나님의 자녀가 된 것은 우리의 선택이 아니라 하나님의 선택이다.

tip 로마서 ROMANS

본서신은 바울이 3차 전도 여행 중 고린도에 머무를 때 기록했다. Link 사도행전 20:3 당시 로마에는 이미 자생적으로 세워진 교회가 있었는데, 절기를 지키려고 예루살렘을 방문했던 유대인 등에 의해 생긴 것으로 보인다. 로마 교회는 그리스도인이 된 유대인들의 영향으로 율법주의로 흐르고, 복음에는 무지했으며, 우상이 만연했던 로마의 이방인들은 많은 문제를 일으켰다. 바울은 A.D.57~58년에 걸친 겨울에 3개월 동안 고린도에서 지냈으며, 제국의 수도 로마를 자신의 마지막 여정으로 생각하고 있었다. 이에 바울은 아직 방문하지 못한 로마 교회를 향해 자신의 방문을 예고하고, 하나님의 구원과 하나님의 자녀인 제자들의 올바른 자세에 대해 써서 본서신을 보낸다.

로마 방문 계획

8 나는 먼저 예수 그리스도를 통해 나의 하나님께 감사를 드립니다.

그것은 여러분의 믿음에 대한 소문이 온 세상에 퍼졌기 때문입니다.

9 그분의 아들의 복음 안에서 내 모든 것을 다해 섬기는 하나님이 내 증인이시고,

10 하나님의 뜻으로 어떻게든 여러분에게 갈 수 있는 좋은 길이 열리기를 간절히 원합니다.

11 내가 여러분을 간절히 보고 싶어 하는 것은, 여러분에게 신령한 은혜를 나눠 주어 굳세게 하려는 것이고,

12 또 내가 여러분과 함께 지내면서, 여러분과 나의 믿음으로 서로 격려를 받으려는 것입니다.

13 형제들이여! 내가 여러 번 여러분에게 가려고 했지만 지금까지 길이 막혀 가지 못한 것을 알기 바랍니다.

※성경 : Link 하박국 2:4

tip 하나님의 의

사람들은 스스로의 행위로 의롭게 될 수 없다. 그래서 하나님은 사람들을 의롭게 하기 위해 그리스도를 보내셨다. Link 고린도전서 1:30 그리고 사람들은 그리스도로 인해 비로소 의롭게 될 수 있었다. 그 의로움은 본래 사람들의 것이 아니라 그리스도의 것인데, 하나님은 사람들의 그리스도에 대한 믿음을 보시고 그 의로움을 그들의 것으로 인정해 주시는 것이다. 그것이 믿음으로 의로움을 인정받을 수 있고, 믿음에 이르게 하는 하나님의 의, 곧 그리스도이다. 그리스도는 이 세상에서 죄를 용서하는 권세가 있다고 하셨다. Link 마태복음 9:6 그러므로 그것이 그리스도를 믿는 사람은 죄가 없어지고, 의롭게 되며, 결국 구원에 이르게 되는 복음이다.

인간의 죄악

21 사람들은 하나님을 알면서도 하나님께 영광을 돌리지도 않고,
감사하지도 않으며, 오히려 헛된 생각에 빠져 미련한 마음이 어
두워졌습니다.
하나님을 알았으면 하나님을 더 알기 위해서 애써야지.
아, 몰라. 편하게 우상이나 섬기자.
귀찮아.
22 그들은 스스로 지혜가 있다지만, 어리석을 뿐입니다.
내가 얼마나 공부를 열심히 하는데.
난 물리학 박사 학위도 있어.
그건 하나님과는 거리가 먼 세상의 지혜일 뿐이야.
학위증명서
23 사람들은 썩지 않는 하나님의 영광을 썩어 없어질 사람이나 새
나 짐승이나 기어다니는 동물의 형상으로 바꾸었습니다.
하나님은 보이지 않으니 피곤해.
그냥 편하게 보이는 신을 섬기자.
휴대용 우상도 만들고.
24 그러므로 하나님도 그들을 그들의 마음의 욕심대로 더러움에
버려두시고 서로의 몸을 욕되게 하셨습니다.
난 원산지를 속여서 돈 좀 벌었어.
난 서류를 조작해서 대출을 받았어.
난 빈집털이 전문이여.
25 그것은 그들이 하나님의 진리를 거짓으
로 바꾸고, 창조주 대신 피조물을 숭배하
며 섬겼기 때문입니다.
그 우상이 우릴 구원할 수 있나?
아마도…?
열심히 섬기면 가능하지 않을까?
하나님은 영원히 찬양받으실 분이십니다. 아멘!
!!
26 그러므로 하나님께서는 사람들을 부끄러운 욕
정에 버려두시니,
이젠 다음 단계로 가야지?
성적 쾌락이 판치는 고급반?
히히
본성을 거슬러 여자가 여자를 탐하며, 남자가 남자와 서로 욕정에 불타 부끄러운 일을
행하였습니다.

그래서 그들은 잘못에 마땅한 대가를 받았습니다.

28 또 그들이 하나님을 마음에 두기를 싫어하므로, 하나님께서 그
들을 타락한 마음에 버려두시고 악한 일을 하도록 하셨습니다.

29 그것은 온갖 불의와 악행과 악의와 탐욕으로 가득한 자요, 시기와 살의와 분쟁과 속임
수와 적의로 가득한 자요, 수군거리는 자요, 비방하는 자요, 하나님을 미워하는 자요,
모욕하는 자요, 교만한 자요, 자랑하는 자요, 악을 꾸미는 자요, 부모를 거역하는 자요,
어리석은 자요, 신의가 없는 자요, 무정한 자요, 무자비한 자입니다.

32 사람들은 그 같은 짓을 하는 자는 죽어 마
땅하다는 하나님의 법을 알면서도 그런
짓을 할 뿐 아니라, 그것을 저지르는 사람
을 두둔하기까지 합니다.

tip 버려두시다

만물 속에 나타난 하나님의 뜻을 거부하고 미련한 마음으로 우상 숭배를 일삼은 사람들에게 분노하신 하나님이 내리는 심판의 시작은 자연스럽게 내버려두시는 것이다. 사람의 몸은 하나님의 성전이라고 했다. Link 고린도전서 6:19 그러므로 하나님이 계시는 동안 사람의 몸은 깨끗할 수 있지만 하나님이 떠나시면 죄악에 물들어 불결해질 수밖에 없다. 욕심과 죄악에 사로잡혀 우상 숭배를 일삼는 사람들은 다음 단계로 욕정에 빠져 성적 타락으로 이어지게 되고, 온갖 불의와 악행이 뒤따르면서 지옥과 같은 상황에 처하게 된다. 즉 하나님이 사람들을 버려두시는 것, 그 자체가 형벌이라고 할 수 있다.

2장 하나님의 심판

1 그러므로 남을 심판하는 자는 남을 심판하는 그 기준으로 자신도 심판을
받더라도 할 말이 없을 것입니다. 이는 그도 남과 같은 일을 하고 있기 때문
입니다.

※심판하는 자: 이방인을 깔보는 교만함으로 함부로 판단하던 율법주의 유대인과 일부 이방인도 포함한다.
※같은 일: 하나님의 뜻을 따르지 않는 일.

※유대인부터: 언약과 약속이 유대인에게 먼저 주어진 것처럼 심판과 형벌도 유대인이 먼저다.

※앞에서: 사람은 어차피 율법을 완전히 실천할 수 없으므로, 의롭게 되는 것은 하나님의 판단에 의해 결정된다.

※나의 복음: 바울이 전한 복음이란 뜻이다.

유대인과 율법

※책임: 유대인은 거룩한 백성으로서 언약을 지켜야 할 책임이 있었다. Link 출애굽기 19:5

tip 마음에 새긴 율법

바울은 이방인도 본성을 따라 부분적으로 율법을 지킬 수 있음을 긍정적으로 표현했다. 그러나 그러한 이방인이 율법을 완전히 지킬 수는 없으므로 역시 죄인일 수밖에 없다. 이는 이방인뿐만 아니라 유대인도 율법의 요구를 완전히 충족시킬 수 없으니 모든 사람은 하나님의 심판 아래에 있을 수밖에 없다는 사실을 말해 준다. 바울은 이방인도 양심에 따라 율법이 요구하는 바를 충족할 때가 있다는 것을 알려 주고, 율법을 받고 선택받은 민족이라는 자만에 차 있는 유대인들에게 율법 자체가 중요한 것이 아니며, 그들의 교만하고 어리석은 행동에는 하나님의 심판이 따를 것임을 경고하고 있다.

19 스스로 눈먼 자의 길잡이요, 어둠 속에 있는 자의 빛이요, 율법
에 있는 지식과 진리의 의미를 깨달아 어리석은 사람의 스승이
요, 어린이의 선생이라고 생각한다고 합시다.

21 그렇다면 그대는 왜 남을 가르치면서 자신은 가르치지 않습니
까? 왜 도둑질을 하지 말라고 하면서 스스로는 도둑질을 합니까?

※눈먼 자, 어둠 속에 있는 자 : 영적으로, 도덕적으로 눈이 먼 상태는 어둠 속에서 헤
매는 것과 같다.

※인정 : Link 마태복음 23:3

22 왜 간음을 하지 말라고 하면서 스스로는 간음을 합니까? 왜 우
상을 미워한다고 하면서 신전의 물건을 훔칩니까?

23 왜 율법을 자랑하면서 율법을 어겨서 하나님을 욕되게 합니까?

24 이는 성경에 기록된 것과 같습니다.

25 율법을 지키면 할례를 받은 것이 유익하
지만, 율법을 어기면 할례는 받지 않은 것
이 됩니다.

26 그러므로 할례를 받지 않은 이방인이 율
법을 지키면 하나님은 그를 할례를 받은
것으로 여기실 것입니다.

※기록 : Link 이사야 52:5

※약속 : Link 창세기 17:2~10

27 또 할례를 받지 않은 이방인이 율법을 지키면, 율법과 할례를 가지고 있으
면서도 율법을 어기는 그대를 판단할 것입니다.

28 겉으로 유대인이라고 해서 유대인이 아니요, 겉으
로 할례를 받았다고 해서 할례가 아닙니다.

29 오히려 속사람이 유대인인 자가 유대인이며, 할례는 율법에 있지 않고 성령으로 마음에 받는 것입니다.

tip 마음에 받는 할례

이것은 신약에서 처음 나온 게 아니라 구약의 율법 속에서도 나타난다. Link 신명기 10:16, 30:6 하나님은 언약의 증거로 할례를 주시며 순종과 헌신을 요구하셨다. 할례의 목적은 율법에 따라 형식적으로 육체에 남기는 흔적이 아니라 하나님 앞에서 마음을 새롭게 하는 것이다. Link 예레미야 4:4, 9:26 Link 에스겔 44:7 그러므로 할례의 외형적인 흔적을 하나님의 언약과 구원의 증거로 삼으려는 자들은 할례의 본질과는 전혀 상관없는 자들이라고 할 수 있다.

3장

1 그러면 유대인의 특권은 무엇이며, 할례의 이로움은 무엇이냐?

2 모든 면에서 많으니, 첫째는 그들이 하나님의 말씀을 먼저 받았다는 것입니다.

3 그런데 하나님을 믿지 않는 자가 있다고 해서 하나님의 신실하심이 없어지겠습니까?

※말씀: 구약 성경의 언약과 율법, 그리고 그리스도께서 오실 것에 대한 내용을 의미한다.

4 그럴 수 없습니다. 사람은 모두 거짓되지만, 하나님은 참되십니다.

이는 성경에 기록한 바와 같습니다.

5 그런데 우리의 불의가 하나님의 의를 드러내게 한다면 뭐라고 할 것입니까?

※기록: Link 시편 51:4

진노하시는 하나님이 불의하시다는 말입니까?

6 결코 그럴 수 없습니다. 하나님이 불의하시면 어떻게 세상을 심판하실 수 있겠습니까?

7 그런데 이렇게 반박하는 사람도 있을 것입니다.

8 그것은 마치 '선을 이루기 위해 악한 일을 하자'는 것과 같습니다.

그런데 어떤 자들은 우리가 그렇게 가르친다고 비난한다고 하니, 그런 자들은 심판을 받아야 마땅합니다.

tip 유대인의 불의

유대인들은 세상 사람들보다 앞서 하나님의 말씀을 듣고, 율법과 언약을 받아 그분의 백성이 되었다. 그러나 그들은 그리스도를 거부함으로써 하나님의 계획에서 제외되었다. 그것은 그들의 죄악 때문이지 하나님이 불의하신 것이 아니다. 하나님은 그들이 불순종하면 약속을 취소할 수 있다고 이미 말씀하셨다. Link 신명기 8:19, 20 Link 사사기 2:20~23
그러나 세상 모든 사람을 구원하시려는 하나님의 약속과 계획이 취소된 것은 아니다. 유대인들은 하나님이 그들을 버리시거나 약속을 깨뜨린 것이 아니라 그들의 죄악을 심판하셨다는 사실을 깨닫지 못하고 있다.

사람은 모두 죄인

9 그러면 우리는 이방인보다 낫습니까?

※우리: 바울과 로마의 그리스도인 더 나아가서는 모든 그리스도인을 가리킨다.

10 성경의 기록에는,

13 '그들의 목구멍은 열린 무덤이요, 혀는 속임수를 일삼으며, 입술에는 독사의 독이 있으며' Link 시편 5:9

14 '그 입에는 저주와 독설이 가득하고,' Link 시편 10:7

※기록: 70인역 성경과 시편을 인용해서 변형하고 강조했다. Link 시편 14:1~3 Link 전도서 7:20

15 '그 발은 사람을 죽이려고 바쁘게 움직이
며,' Link 잠언 1:16

16 '그들이 가는 길에는 멸망과 불행이 있어서 평화의 길을 알지 못하고, Link 이사야 59:7, 8

18 '그들의 눈에는 하나님을 두려워하는 빛
이 없다.' Link 시편 36:1

19 율법의 모든 말씀은 율법 아래에 있는 자
들에게 말한 것임을 우리는 압니다.

그것은 누구도 변명하지 못하게 하고, 온 세상을 하나님의 심판 아래 있게 하려는 것입니다.

※율법 아래에 있는 자들: 세상의 모든 사람들을 가리킨다.

20 그러므로 율법을 지켜서는 하나님 앞에서 의롭다고 인정받을 사람이 없습니다. 율법은 죄를 알게 할 뿐입니다.

tip 율법은 죄를 알게 한다

율법을 지켜 의롭게 되고 구원 받을 수 있는 사람은 없다. 그 누구도 율법을 완전하게 지킬 수 없기 때문이다. Link 요한복음 7:19 Link 갈라디아서 6:13 율법은 죄에서 구원하려는 것이 아니라 무엇이 죄인지 알게 하고 Link 갈라디아서 3:19 죄인을 심판대에 세우는 것이 그 역할이다. 그러므로 사람은 율법 앞에서 자신의 죄를 깨닫고 두려워할 수밖에 없다. 따라서 사람은 자신이 불완전한 죄인임을 깨닫고 하나님의 의로움을 입어야 한다.

믿음으로 의인이 되다

21 그러나 이제 율법과는 상관없이 하나님의 의가 나타났으니, 그것은 율법과 예언자들이 증언한 것입니다.

22 하나님의 의는 예수 그리스도를 믿는 믿음을 통해 모든 믿는 자에게 미치
며, 어떠한 차별도 없습니다.

23 모든 사람이 죄를 지어서 하나님의 영광에 이르지
못했지만,

※다스렸어.: Link 창세기 1:28

24 이제 하나님의 은혜로 그리스도 예수 안에 있는 대속을 통해 값
없이 의롭다 하심을 받게 되었습니다.

※대속: 그리스도께서 십자가의 죽음으로 사람을 대신하여 죗값을 치르신 것.

25 하나님께서는 그 예수를 속죄 제물로 내주셨고, 누구든지 그의
피를 믿음으로써 죄를 용서받게 하셨습니다.

※속죄 제물: 화목 제물로 번역되기도 하는데, 속죄의 결과는 하나님과 사람의 화목이므로 의미는 같다.

그것은 하나님이 오래 참으시던 중에 사
람들이 지금까지 지은 죄를 너그럽게 보
시고 자신의 의로움을 나타내시니,

26 이는 자신이 의롭다는 것과 예수를 믿는
자들을 의롭다 하시려는 것입니다.

27 그렇다면 사람이 자랑할 게 있습니까? 없
지요. 율법이나 행위로 의롭게 됩니까?
아니오. 오직 믿음으로만 됩니다.

※믿음까지: Link 에베소서 2:8

28 그러므로 사람이 의롭게 되는 것은 율법
의 행위에 있지 않고 믿음으로 되는 줄 우
리는 압니다.

※우리: 바울을 비롯한 그리스도를 믿는 모든 사람.

29 그분이 유대인만의 하나님이십니까? 이
방인의 하나님은 아닙니까? 진실로 그분
은 이방인의 하나님도 되십니다.

30 할례를 받은 자도, 받지 않은 자도 믿음을
보시고 의롭다고 하실 하나님은 한 분이
십니다.

31 그러면 우리가 믿음으로 구원받으니 율법은 필요 없습니까? 아
니오. 우리는 오히려 율법을 굳게 세웁니다.

※완성하러: Link 마태복음 5:17

tip 이방인의 하나님

바울의 이 말은 선택된 하나님의 백성이라는 자부심에 가득 찬 유대인들에게 아주 충격적인 발언이자 신성 모독이었다. 그러나 이것은 바울의 개인적인 생각이 아니라 이미 구약 성경에서 예언된 것이었다. 구약의 족장 시대에는 유대인의 이방인에 대한 배타적 모습을 발견할 수 없었으나, 출애굽 때 시내산에서의 계약 이후 하나님의 백성이라는 민족의식과 함께 이방인에 대해서는 배타적으로 변했다. 특히 그리스의 지배를 받으면서 더욱 심해졌으며 '이방인'이라는 말이 경멸적 의미로 사용되기까지 했다. 그러나 구약과 신약에는 이방인도 하나님의 백성임을 보여 주는 증거는 수없이 많다.

Link 창세기 17:5 Link 이사야 11:10, 42:6, 49:6, 60:6 Link 말라기 1:11
Link 마태복음 28:19 Link 누가복음 17:18 Link 갈라디아서 3:14

4장 아브라함의 믿음

1 그러면 우리의 조상인 아브라함이 육신의 행위로 무엇을 얻었습니까? 그가 행위로 의롭게 되었다면 자랑할 것이 있겠지만 그는 하나님 앞에서는 자랑할 것이 없습니다.

※우리: 바울과 로마의 그리스도인. 더 나아가서는 모든 그리스도인을 가리킨다.

2 아브라함이 행위로 의롭게 되었다면 자랑할 것이 있겠으나, 그가 하나님 앞에서 자랑할 것은 없습니다.

3 성경에 무엇이라고 했습니까?

※성경: Link 창세기 15:6

4 일해서 받는 품삯은 은혜로 받는 것이 아니라 보수로 받는 것입니다.

5 그러나 아무것도 하지 않더라도 경건하지 않은 자를 의롭다 하시는 하나님을 믿으면, 그 믿음으로 의롭다 인정받을 것입니다.

※선물: Link 에베소서 2:8

6 그래서 행위와 상관없이 하나님이 의롭게 여겨 주시는 사람의 축복에 대해 다윗은 이같이 말했습니다.

※이같이: Link 시편 32:1, 2
※불법: 율법을 어긴 행위를 의미한다.

9 그러면 그 축복이 할례를 받은 자에게만 내립니까? 아니면 할례를 받지 않은 자에게도 내립니까?

우리는 앞서 '하나님이 아브라함의 믿음을 보시고 의롭다고 여기셨다'고 말했습니다.

10 아브라함은 언제 그런 인정을 받았습니까? 그가 할례를 받은 후입니까? 아니면 할례를 받기 전입니까?

※언제: Link 창세기 15:6

11 아브라함은 할례를 받기 전에 믿음으로 의로움을 받았고, 그 확증으로 할례를 받은 것입니다.

그래서 그는 할례를 받지 않고도 믿음으로 의롭다고 인정받는 모든 사람의 조상이 되었습니다.

12 또 그는 할례를 받은 자의 조상이기도 하고, 할례를 받지 않고도 가졌던 믿음의 흔적을 따르는 자들의 조상이기도 합니다.

※하셨어: Link 요한복음 8:39

13 하나님이 아브라함과 그 자손에게 세상을 주시겠다고 약속하신 것은, 그가 율법을 지켜서가 아니라 믿음으로 의롭게 되었기 때문입니다.

※약속: Link 창세기 17:4~8

14 만약 율법을 지키는 자들이 세상을 얻는다면 믿음은 헛것이 되고, 약속은 필요 없을 것입니다.

15 또 율법을 어기면 하나님의 진노를 불러오니 율법이 없다면 율법을 어기는 일도 없습니다.

※진노: 율법은 하나님의 저주와 심판을 불러온다. Link 신명기 28:58~68

16 그러므로 그 약속은 믿음에 근거하며, 하나님은 그 약속을 율법으로 사는 자뿐만 아니라 아브라함의 믿음에 속한 자에게도 은혜로 주시려는 것입니다.

※율법으로 사는 자: 믿음을 따르는 유대인들.
※믿음에 속한 자: 믿음을 따르는 이방인들.

※우리 : 아브라함의 믿음을 따르는 유대인들과 이방인들을 가리킨다.

※기록 : Link 창세기 17:5

※별처럼 : Link 창세기 15:5

※100세 : Link 창세기 21:5

※교훈 : Link 시편 102:18 Link 로마서 15:4

※성경 : Link 이사야 53:1~9

tip 할례와 율법

아브라함이 의롭다고 여겨지고, Link 창세기 15:6 20여 년이 지나 할례가 있었다. Link 창세기 17:24 그것은 믿음으로 의롭게 되는 것과 할례는 전혀 상관이 없다는 결정적인 증거이다. 또 하나님이 아브라함과 약속을 맺으신 후 약 430년이 지나 율법이 주어졌다. 하나님이 이미 약속하신 것을 후에 주어진 율법이 취소할 수는 없다. Link 갈라디아서 3:17 그 약속은 율법에 우선하며 약속을 따르는 자는 믿음으로 의롭다 인정받을 수 있다. 그것은 아브라함이 믿음으로 의롭다고 인정받은 것이지 율법을 따른 것이 아니기 때문이다. 당시 초대 교회의 유대인들은 그리스도를 믿으면서도 자신들의 기득권을 포기하지 않고 할례와 율법을 강요했고, 그것은 복음의 본질을 퇴색시켰다. 바울은 아브라함의 예를 들어 그들에게 경고하고 있다.

로마서

5장 그리스도를 통한 구원

※은혜: 하나님의 백성, 하나님의 상속자가 되는 것을 의미한다.

※소망: 마지막 날 부활해서 하나님의 백성으로 사는 것을 의미한다.

※정해진 때: 하나님의 약속은 정해진 계획에 따라 이루어진다. Link 요한복음 2:4

10 우리가 하나님의 원수일 때에도 그분의 아들의 죽음으로 화해했다면, 화해한 우리가 그리스도의 생명으로 구원받을 것은 더욱 확실합니다.

11 그뿐만 아니라, 하나님과 화해하게 해 주신 우리 주 예수 그리스도를 통해 우리도 하나님 안에서 기뻐합니다.

tip 믿음은 어디에서 오는가?

혹자는 믿음이 하나님의 은혜이며 인간의 행위가 될 수 없다고 말하지만, 그것은 오직 믿음으로 의롭다고 인정받았다는 걸 설명하는 데는 충분치 않다. 또 혹자는 순종을 믿음과 동일시해서 사람이 적극적 의지로 믿음(순종)을 가질 수 있다고 하지만 그것은 믿음이 순종이라는 행위로 드러나기 때문에 생기는 착각이다. 사람의 기준으로 볼 때 그리스도의 죽음으로 의롭게 되고, 그의 부활로 영원한 생명을 얻는 것은 불가능하다. 그러므로 사람의 마음에 깃드는 믿음은 하나님의 은혜가 아니면 가질 수 없다. 즉 사람이 믿음으로 향하도록 하나님의 적극적 개입이 있었기에 가능한 것이다. 따라서 믿음의 근원은 하나님이시며 그것이 언어로 표현될 때는 의로움의 조건이 되기도 하고, 구체적으로는 순종으로 나타나기도 한다.

아담과 그리스도

12 한 사람을 통해 죄가 세상에 들어왔고 그 죄를 통해 죽음이 들어왔으니, 모든 사람이 죄를 지었으므로 모든 사람에게 죽음이 이르렀습니다.

※한 사람 : 아담은 선악과를 먹으면 죽을 것이라는 하나님의 경고를 어겼다.

Link 창세기 2:17

13 하지만 율법이 있기 전에도 세상에 죄가 있었으나, 그때는 율법이 없어서 죄가 죄로 여겨지지 않았고,

14 아담으로부터 모세까지 아담의 범죄를 짓지 않은 사람들까지도 죽음의 지배를 받았습니다. 아담은 장차 오실 분의 모형입니다.

15 그러나 하나님의 은혜는 아담의 범죄와 비교가 되지 않으니, 아담의 범죄로 많은 사람이 죽었다면, 예수 그리스도의 은혜를 통한 하나님의 선물은 많은 사람에게 넘쳤습니다.

16 또 하나님의 선물은 범죄한 한 사람의 결과와는 다릅니다. 한
사람의 범죄는 죄를 확정했지만 하나님의 선물은 많은 죄인을
의로움에 이르게 합니다.

17 비록 한 사람의 범죄 때문에 죽음이 세상을 다스렸지만, 이제 은
혜와 의로움의 선물을 받은 자들은 예수 그리스도 한 분을 통해
생명과 함께 세상을 다스리게 될 것입니다.

※다스리게 : Link 베드로전서 2:9 Link 요한계시록 22:5

18 그러므로 한 사람의 범죄로 모든 사람의 죄가 확정된 것처럼, 한
사람의 의로운 행동으로 모든 사람이 의롭다 하심을 받아 생명
을 얻게 되었고,

※의로운 행동 : 그리스도가 인류를 구원하기 위해 하신 모든 행동, 특히 십자가의 죽음은 그 절정을 이룬다.

19 또 한 사람의 불순종으로 많은 사람이 죄인이 된 것처럼, 한 사람의 순종으로 많은 사
람이 의롭다 하심을 받을 것입니다.

20 율법은 죄를 더하려고 주어졌지만 죄가
많은 곳에는 은혜도 더해서 넘칩니다.

21 그것은 죄가 죽음으로 사람을 지배한 것
처럼,

은혜가 의로움으로 사람을 지배해서 예
수 그리스도 우리 주님을 통해 영원한 생
명을 얻게 하려는 것입니다.

tip 죄를 더하려고

이 말은 율법이 더 많은 죄를 짓도록 했다는 의미가 아니다. 그동안 하나님의 사랑에 비추어 보면 Link 마가복음 12:31 Link 누가복음 10:27 그것은 사람들에게 죄가 무엇인지 알게 하시려는 목적임을 알 수 있다. Link 갈라디아서 3:19 Link 로마서 7:7 바울은 율법으로 그 전에는 죄로 여기지 않았던 것을 죄로 인식하게 되었다고 했고, Link 로마서 5:13 율법으로 의롭지 못한 자들의 죄를 드러내고 확정 짓는다고 했다. Link 디모데전서 1:9, 10

6장 그리스도와 함께 죽고 살다

10 또 그가 죽은 것은 단 한 번 사람들의 죄 때문이지만, 그가 살아나신 것은 하나님의 영광을 위한 것입니다.

11 이처럼 여러분은 죄와 함께 죽은 자요, 하나님의 영광을 위해 그리스도 예수 안에서 사는 자라는 것을 아십시오.

12 그러므로 죄가 여러분의 죽을 몸을 지배하지 못하게 하여 몸의 욕망에 굴복하지 않도록 하십시오.

13 또 여러분의 몸을 죄에 내맡겨 불의의 무기가 되게 하지 말고, 죽은 자들 중에 살아난 자답게 자신을 하나님께 바치며, 몸을 의로움의 무기로 하나님께 드리십시오.

14 그것으로 죄가 여러분을 지배하지 못할 것입니다. 여러분은 율법 아래 있지 않고, 은혜 아래 있기 때문입니다.

tip 단 한 번 죽으시다

그리스도의 죽음은 자신의 죄 때문에 반드시 죽어야 할 죽음이 아니다. Link 창세기 2:17 그는 하나님이 짐을 지우신 자기 백성의 죄 때문에 죽으셨다. Link 이사야 53:4~6 구약 시대에는 대제사장이 백성의 속죄를 위해 해마다 한 번씩 제사를 드렸고, 백성들은 죄를 지을 때마다 희생 제물을 가져왔으며, 그 일은 반복되었다. 그러나 그리스도는 구약의 대제사장이 반복적으로 드렸던 속죄 제사를 대신하여 자기 몸을 제물로 '단 한 번'의 제사를 드렸다. 그가 하나님의 어린양이 되어 십자가에 제물로 바쳐진 것은 구약의 모든 제사의 완성이며, 완전하고, 영원한 제사이기 때문에 또 제사를 드리기 위해 그가 다시 죽으실 필요가 없다. Link 히브리서 7:27, 9:12, 10:10

의로움의 종

15 그러면 우리가 율법 아래에 있지 않고, 은혜 아래에 있다고 해서 죄를 지어도 된다는 겁니까?

로마서

※교훈: 하나님의 말씀, 곧 복음을 의미한다.

23 죄의 대가는 죽음이요, 하나님의 선물은 그리스도 예수 우리 주 안에서 누리는 영원한 생명입니다.

tip 열매를 맺었으니

바울은 거룩함에 이르는 열매를 미래에 이루어질 것이 아니라 현재 소유하고 있는 것으로 묘사하고 있다. 이 말은 [19절]의 '거룩하게 사십시오'와 함께 해석해야 한다. 그리고 이 두 말씀을 볼 때 성도들은 거룩함의 열매를 받았지만 Link 고린도전서 1:30, 6:11 동시에 거룩함의 열매를 맺기 위한 실천의 의무를 지닌다. 따라서 거룩함은 성도의 노력만으로 이루어지는 것이 아니라, 성령의 능력에 힘입어 거룩하고 의로운 삶을 살도록 노력해야 하는 것이다.

7장 결혼으로 비유한 율법과 죄

1 율법을 아는 형제들에게 말합니다. 율법은 살아 있는 동안에만 그 사람을 지배한다는 것을 알지 못합니까?

2 그것은 결혼한 여자가 남편이 살아 있는 동안에는 법으로 그에게 매여 있으나, 남편이 죽으면 그 법에서 벗어나는 것과 같습니다.

3 그러므로 남편이 살아 있는 동안 그 여자가 다른 남자에게 가면 간음한 여자가 되지만, 남편이 죽으면 그 법에서 벗어나게 되므로 다른 남자에게 가더라도 간음한 여자가 되지 않습니다.

4 나의 형제들이여, 그처럼 여러분도 그리스도의 몸과 함께 죽어 율법에서 벗어났습니다.

그것은 여러분이 다른 분, 곧 죽은 자 중에 살아나신 분에게 가서 하나님을 위해 열매를 맺게 하려는 것입니다.

5 우리가 육체를 따라 살 때, 율법 때문에 우리의 몸에서 죄의 욕망이 일어나 죽음에 이르는 열매를 맺게 했습니다.

6 그러나 이제 우리를 얽매던 것에 대해 죽었기 때문에 율법에서 풀려났습니다.

※가서: 결혼이 두 사람이 하나가 되는 것처럼, 그리스도와 하나가 되는 것을 의미한다.

※일어나: 율법 때문에 죄가 생기는 것이 아니라 율법 때문에 원래 마음에 있던 죄가 드러난다는 뜻이다.

그러므로 우리는 율법의 낡은 방식이 아니라, 성령이 주시는 새
로운 방식으로 하나님을 섬겨야 합니다.

7 그러면 율법이 죄입니까? 아닙니다. 율법에 비추어 보지 않았다
면 내 죄가 무엇인지 알지 못했을 것입니다.

율법에 '탐내지 말라'고 하지 않았다면 내가
탐욕이 무엇인지 알지 못했을 것입니다.

8 그러나 죄는 이 계명을 틈타 내 속에서 온
갖 탐욕을 불러일으켰는데,

율법이 없다면 죄는 마치 죽은 것처럼 숨
어 있었을 것입니다.

9 전에 율법을 깨닫지 못할 때는 내가 살았
으나, 깨닫게 되니 죄는 살아나고 나는 죽
었으니,

10 나를 생명으로 인도해야 할 계명이 오히
려 나를 죽음으로 이끌었습니다.

※생명: 유대인에게 하나님의 계명은 '생명과 복의 근원'이었다. Link 신명기 5:33

11 죄가 그 계명을 통한 틈으로 나를 속이고,
그 계명으로 나를 죽인 것입니다.

12 그러므로 율법은 거룩하며, 계명도 거룩하고 의
롭고 선한 것입니다.

13 그렇다면 그 선한 것이 내게 죽음
을 주었다는 말입니까? 그렇지 않
습니다.

※율법: 근본적으로 율법은 사람의 죄를 깨닫게 하고 하나님의
의를 나타낸다.

죄를 드러내기 위해 죄가 선한 것을 이용해 죽음을 가져왔고, 죄는 계명을 통해 더욱 악한 모습을 드러냈습니다.

tip 율법과 죄

하나님이 유대인에게 율법을 주신 목적은 죄를 모르던 그들에게 죄를 알게 하고, 의로움으로 이끌어 생명을 구원하는 데 있다. 그러나 사람은 누구도 모든 율법을 다 지킬 수 없으므로 죄는 늘어나게 되고, 결국 죽음으로 향할 수밖에 없다. 바울은 그리스도를 믿어 의롭게 되었으니 율법도 지킬 수 있으리라 생각했지만, 현실은 여전히 죄를 짓고 있다는 사실을 깨닫고 죄책감과 좌절감에 빠진다. 이에 어떤 사람들은 율법이 쓸모없다고 주장하지만, 바울이 부정적으로 말하는 율법은 하나님의 뜻이 없는 형식적인 유대인의 율법이며, 사람을 그리스도에게 인도함으로써 그 기능을 다한 율법이지 율법 그 자체는 아닙니다. Link 갈라디아서 3:23~25

내적 갈등

14 율법은 영적이지만, 나는 육신에 매여 죄의 노예로 팔린 몸이니 나는 내가 하는 일을 알 수 없습니다. 내가 원하는 것은 하지 않고, 원치 않는 것은 하고 있으니 말입니다.

※영적 : 율법은 하나님의 뜻을 전하는 것이므로 하나님의 영에 속한다.

16 만약 내가 원치 않는 일을 하게 된다면 율법이 선하다는 것에 동의하는 것입니다.

17 그렇다면 원치 않는 일을 하는 자는 내가 아니라, 내 속에 자리를 잡고 있는 죄입니다.

18 나는 내 몸 안에 선한 것이 없다는 것을 압니다. 선을 행하려는 의지는 있으나, 그것을 실천하지는 못하기 때문입니다.

19 나는 내가 원하는 선행은 행하지 않고, 도리어 원하지 않는 악만 행합니다.

20 만약 내가 원치 않는 일을 행한다면, 그렇게 하는 자는 내가 아니라 내 속에 자리잡고 있는 죄입니다.

21 여기서 나는 하나의 법칙을 깨달았습니다. 곧 선을 행하려는 내게는 악이 함께 있다는 것입니다.

※다른 법: 죄의 법.
※마음의 법: 하나님의 법.

tip 믿는 자들의 갈등

바울은 그리스도를 믿어 의롭다고 인정받은 성도라 할지라도 현실적으로는 자기 속에 죄가 존재하며 끊임없이 활동한다고 말한다. 성도들은 영에 속하지만 죄에 대항하기엔 무기력한 육신을 가지고 있기도 하다. 그래서 예수님도 마음은 간절하지만 몸이 연약하다고 하셨다. Link 마태복음 26:41 바울은 성도들 가운데 일어나는 이러한 내적 갈등이 당연함을 알리고, 선함을 원하는 자신과 죄 사이의 갈등으로 인한 신앙적 고민의 해결책을 제시하고 있다. 한편, 바울의 비참하다는 탄식은 믿음이 성숙한 성도만이 할 수 있는 자기 성찰이자 내적 갈등을 극복할 수 있도록 구원해 달라는 호소이다. 성숙하지 못한 자는 내적 갈등을 깨닫지도 못하고, 구원을 찾지도 않는다.

8장 성령이 주시는 생명

5 육신을 따르는 자는 육신의 일을 생각하나, 영을 따르는 자는 성령의 일을 생각합니다.

6 육신의 생각은 죽음이요, 영의 생각은 생
명과 평화입니다.

7 육신의 생각은 하나님과 원수가 되게 하
며, 하나님의 법에 복종하지도 않고, 할 수
도 없습니다.

8 육신에 매인 자들은 하나님을 기쁘게 할
수도 없습니다.

9 그러나 여러분 안에 하나님의 영이 계시
면, 여러분은 육신 안에 있지 않고 성령
안에 있습니다.

누구든지 그리스도의 영이 없으면 그리
스도의 사람이 아닙니다.

※영: 하나님의 영과 그리스도의 영은 같은 성령님이다.
※했어: Link 고린도전서 3:16, 6:16

10 또 그리스도께서 여러분 안에 계시면, 여러분의 몸은 죄로 인해
죽어 있지만, 영은 의로움으로 살아 있습니다.

11 그리고 예수 그리스도를 죽은 자 중에 살리신 하나님의 영이 여
러분 안에 계시면, 그분이 여러분 안에 계신 성령을 통해 여러분
의 죽을 몸도 살리실 것입니다.

12 그러므로 형제들이여, 우리가 빚을 지고 살지만 육신에 빚을 져
서 육신을 따라 살아야 하는 것은 아닙니다.

13 여러분이 육신을 따라 살면 반드시 죽겠지만 성령의 도움으로
죄지은 몸을 죽이면 살 것입니다.

※빚: 모든 성도는 값없이 베푸시는 하나님 은혜에 많은 빚을 지고 있다.

14 그것은 하나님의 영으로 인도받는 사람은 하나님의 자녀이기
때문입니다.

※하나님의 자녀: 그리스도의 이름을 믿는 자들에겐 하나님의 자녀가 되는 특권을 주셨다. Link 요한복음 1:12

15 여러분은 다시 두려운 종의 영을 받는 것이 아니라, 자녀로 삼으
시는 영을 받았으므로 하나님을 '아버지'라고 부릅니다.

※종의 영: 율법을 가리킨다.
※아버지: Link 마태복음 6:9

16 그때 그 성령이 우리의 영과 함께 우리가 하나님의
자녀인 것을 증언하십니다.

17 우리는 하나님의 자녀이며 상속자이며, 그리스도와 공동 상속자니 그와 함
께 영광을 받기 위해서는 고난도 함께 받아야 합니다.

tip 성령의 도움으로

바울은 하나님의 법과 죄의 법 사이에서 계속 싸우는 성도들을 향해 말한다. 그는 영적 전쟁에서 승리할 수 있는 방법을 말한 적이 있으나, 그중 사람이 스스로 할 수 있는 것은 아무것도 없다. Link 에베소서 6:10~19 모든 것은 오직 하나님이 예비하신 것뿐이다. 그럼에도 '몸을 죽이면'이라는 표현을 사람의 노력과 행동의 결과로 이해한다면 새로운 율법주의에 빠질 수 있고, 죄의 법에 사로잡힌 비참한 상태에서 벗어날 수 없다. 오순절에 성령이 내리신 사건뿐만 아니라 교회의 역사에서도 성도의 노력이나 의지에 따라 성령이 나타난 적은 없다. 그것은 오직 하나님의 은혜로, 하나님이 원하시는 바에 따라 나타났다. 그러므로 승리는 성도가 그리스도 안에 머물 때 하나님의 은혜로 이루어지는 것이다.

고통에서 영광으로

18 현재 겪는 고난은 장차 우리에게 나타날 영광에 비하면 아무것도 아니며, 모든 피조물이 간절히 기다리는 것은 하나님의 자녀들이 나타나는 일입니다.

※피조물: 하나님에 의해서 만들어진 사람, 동물, 식물, 자연 등 세상의 모든 것.

20 그 피조물이 헛된 것에 굴복한 것은 스스로의 뜻이 아니라, 그것이 하나님의 뜻이기 때문입니다.

※저주: Link 창세기 3:17

21 그러나 피조물이 바라는 것은 썩어짐의 굴레에서 벗어나 하나님의 자녀들이 누리는 영광된 자유를 얻는 것입니다.

※영광: 바울은 세상 모든 것이 서로 다른 영광을 지닌다고 말했다. Link 고린도전서 15:40, 41
※이사야: Link 이사야 11:6~9

22 우리는 모든 피조물이 이제까지 함께 신음하며, 함께 고통을 겪었다는 것을 압니다.

23 그뿐만 아니라, 성령의 첫 열매를 받은 우리도 속으로 신음하며 자녀로 삼아 주실 것과 우리 몸을 구원해 주실 것을 기다립니다.

24 우리는 이 소망으로 구원을 얻었으니, 눈에 보이는 소망은 소망이 아니요, 보이는 것을 누가 소망하겠습니까?

※첫 열매: 부활과 하나님에게 받게 될 모든 은혜를 의미하며, 그리스도를 가리킨다. Link 고린도전서 15:40, 41
※신음: 성도 안에서 벌어지는 마음의 법과 죄의 법 사이의 투쟁을 의미한다.

25 따라서 우리가 보이지 않는 것을 바란다면 참으면서 기다려야 합니다. 성령도 우리의 연약함을 도와주십니다.

우리는 어떻게 기도해야 할지 모를 때 성령이 말할 수 없는 간절함으로 우리를 위해 기도해 주십니다.

※성령: 성령은 성도와 함께 하시며 구원으로 인도하신다.
Link 요한복음 14:16, 26, 16:7, 13

27 또 사람의 마음을 살피시는 하나님은 성령의 생각을 아시니 성령이 하나님의 뜻대로 성도를 위해 기도하십니다.

28 하나님을 사랑하고, 그분의 뜻대로 부르심을 받은 자들에게는 모든 것이 협력하여 선을 이루는 과정임을 우리가 압니다.

29 하나님은 미리 아셨던 자들을 자기 아들의 모습을 본받도록 정하셨으며, 그 아들이 많은 형제 중에서 맏아들이 되게 하시려는 것입니다.

※모든 것: 하나님이 만드신 세상의 모든 것과 그로 인해 일어나는 모든 일을 가리킨다.

30 그리하여 하나님은 미리 정하신 자들을 부르시고, 부르신 자들을 의롭게 하시며, 의롭게 하신 자들을 영화롭게 하셨습니다.

tip 의롭게, 영화롭게

[30절]에서 '믿음'에 대한 언급이 전혀 없다. 이는 하나님이 미리 정하시고 부르시며 의롭게 하시고 영화롭게 하시는 모든 과정이 당연히 '믿음'을 전제로 하기 때문에 굳이 언급하지 않은 것이다. 바울이 나열한 구원 과정은 철저히 하나님의 은혜로 이루어진다. 이에 바울은 에베소 교회에게 '여러분은 믿음을 통해 그 은혜로 구원을 받았는데, 이것은 여러분이 이룬 것이 아니라 하나님의 선물입니다.'라고 말했다. Link 에베소서 2:8 한편, 바울은 의롭게 하시고, 영화롭게 하셨다고 하여 이를 이미 이루어진 것으로 묘사한다. 그것은 하나님의 구원 계획이 마지막 날 완성되겠지만, 그만큼 하나님의 의지가 확고하게 세워져 있음을 강조하는 것이다.

31 그렇다면, 이 일을 두고 우리가 무슨 말을 하겠습니까? 하나님이 우리 편이시면 누가 우리를 대적하겠습니까?

32 우리 모두를 위해 자기 아들도 아끼지 않고 내주신 분이 왜 그 아들과 함께 모든 것을 우리에게 주지 않으시겠습니까?

33 하나님께서 선택하신 자들을 누가 감히 고발하겠습니까?

※이 일: 하나님의 사람들을 위한 구원 계획, 또는 [28절~30절]을 가리킨다.

※천사: Link 히브리서 1:14

그들을 의롭다 하시는 분이 하나님이신데, 누가 감히 죄가 있다고 하겠습니까?

그리스도는 죽으셨지만 다시 살아나셔서 하나님의 오른편에 계시며 우리를 위해 친히 기도해 주십니다.

35 그런데 누가 우리를 그리스도의 사랑에서 끊을 수 있습니까? 환난? 고난? 핍박? 굶주림? 헐벗음? 위협? 칼?

※경험: Link 고린도후서 11:23~27

36 이런 성경의 기록이 있습니다.

※기록: Link 시편 44:22

37 그러나 우리는 우리를 사랑하시는 이를
의지하여 이 모든 것을 얼마든지 이길 수
있습니다.

38 나는 확신합니다. 죽음도 삶도, 천사들도 어둠의 세력들도, 놀라운 힘도, 현재 일도 장
래 일도, 높음도 깊음도, 그 밖의 어떤 피조물도 우리를 그리스도 예수 우리 주님 안에
있는 하나님의 사랑에서 끊을 수 없습니다.

9장 이스라엘을 선택하시다

1 내가 그리스도 안에서 진실을 말하고 거
짓말은 하지 않는다는 것을 성령 안에 있
는 내 양심이 증언합니다.

2 내겐 큰 슬픔이 있고, 내 마음에는 끊임없
는 고통이 있습니다.

3 나는 내 형제들, 곧 내 동족이 구원받을
수 있다면 저주를 받아 그리스도에게서
끊어지더라도 달게 받겠습니다.

4 그들은 이스라엘 백성이며, 하나님의 자녀로서 그분의 영광이
있고, 맺은 언약들이 있으며, 율법이 있고, 예배가 있고, 받은 약
속들이 있습니다.

5 위대한 족장들이 그들의 조상이요, 그들의 혈통에서 그리스도
가 태어나셨고, 그는 만물 위에 계시며 영원토록 찬송을 받으실
하나님이십니다. 아멘.

※족장들: 아브라함, 이삭, 야곱을 가리킨다.

6 그러나 하나님의 약속이 헛된 것이 아니니, 이스라엘에게서 태어난 자들이 모두 이스라엘 사람이 아니요,
하나님의 구원 계획은 지금도 계속되고 있어.
우린 선택받았다고 우쭐대다가 망한 거야.
단지 선발대일 뿐인데… 흑.
7 아브라함의 씨가 다 그의 자녀가 아니요, 오직 '이삭에게서 태어난 자만 네 자손이라'고 하셨습니다.
하나님은 혈통이 아니라 자신의 뜻대로 선택하셨어.
씨~ 나만 미워해.
내가 종이라서 그런지 몰라.
아브라함
이삭
이스마엘
하갈
※이삭에게서~: Link 창세기 21:12
8 그것은 육신의 자녀가 하나님의 자녀가 아니라, 약속의 자녀가 하나님의 자녀라는 말입니다.
하나님은 혈통을 안 보신다는 거야.
이스마엘이 첩의 자식이라 그런 거 아냐?
그렇지도.
9 그 약속의 말씀은 '내년에 내가 다시 올 테니 그때 사라에게 아들이 있을 것이다'라고 하신 것입니다.
이삭이 태어나기 전에 이미 하나님의 은혜가 있었다는 뜻이야.
10 그뿐만 아니라, 리브가도 우리 조상 이삭을 통해 쌍둥이 아들을 잉태했는데,
※말씀: Link 창세기 18:10
11 그들이 태어나기 전에, 선과 악을 실천하기 전에, 하나님의 선택이 행위에 있지 않고 부르시는 이의 뜻에 있는 걸 알게 하시려고,
우린 모든 조건이 똑같은 상태로 같은 날 태어났어.
아무것도 다르지 않지만, 하나님은 하나만 선택하셨어.
야곱
에서
12 리브가에게 말씀하시기를 '형이 동생을 섬길 것'이라고 하셨습니다.
13 그것은 성경에 기록한 바 '내가 야곱을 사랑하고, 에서를 미워하였다'라고 하신 것과 같습니다.
아무리 선택된 유대인이라 해도 제외될 수 있다는 거야.
난 무제한 이용권인 줄 알았는데.
※말씀: Link 창세기 25:23
※기록: Link 말라기 1:2, 3
14 그러면 하나님이 불공평하신 분이라는 말입니까? 그렇지 않습니다.
하나님은 우리만 미워하셨어.
우리도 늘 예배하고, 착한 일도 많이 했어.
이스마엘
15 하나님이 모세에게 '내가 자비를 베풀 자는 자비를 베풀고, 불쌍히 여길 자는 불쌍히 여기겠다'라고 하셨습니다.
이집트는 벌하셨는데, 우상을 섬긴 우리는 왜 용서하셨습니까?
그건 오직 나의 뜻이다!
※모세에게: Link 출애굽기 33:19

16 그러므로 하나님의 은혜는 사람의 의지나 노력에 달려 있는 것이 아니라, 그분의 자비에 달려 있습니다.

17 성경에서 바로에게 '내가 너를 왕으로 세운 것은, 너를 통해 내 능력과 내 이름을 온 땅에 전하려는 것이다'라고 하셨습니다.

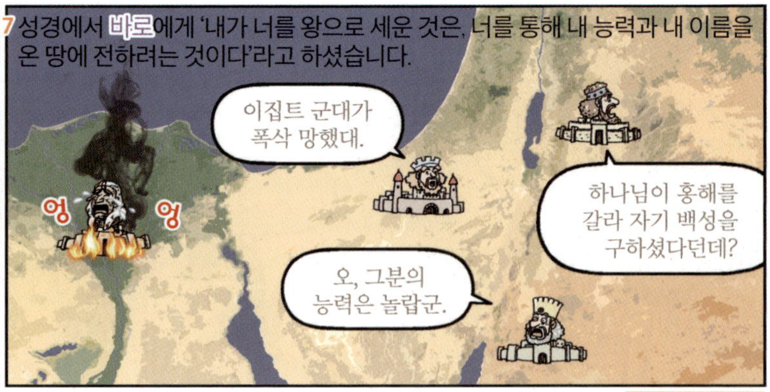

※바로(Pharaoh): 출애굽 당시 이스라엘을 탄압했던 이집트 왕(파라오)을 가리킨다. Link 출애굽기 9:16

18 하나님은 자신의 뜻대로 어떤 자는 불쌍히 여기시고, 어떤 자는 고집스럽게 하십니다.

tip 하나님의 선택

바울은 선택된 민족이라는 자부심을 가지고 있는 유대인들에게, 하나님의 선택은 결코 혈통으로 이루어지는 것이 아님을 설명한다. 첫째는 아브라함의 자식인 이삭과 이스마엘이다. 그런데 이삭은 사라에게서 난 적자이고, 이스마엘은 종이었던 하갈에게서 난 서자이기에 적자가 선택된 것이 아니냐는 의문이 제기될 수 있다. 이에 바울은 둘째로 이삭과 리브가 사이에서 난 야곱과 에서를 예로 든다. 한 어머니에게서 한날 한시에 난 형제지만 그들의 노력이나 행위에 상관없이 태어나기 전부터 하나님은 야곱을 선택하셨다. 하나님의 선택은 '원하는 자'에 의해 이루어지는 것이 아니라, 그분의 '원하시는 바'에 의해 이루어지며 자비는 선하신 뜻대로 베푸시는 하나님의 주권에 속한 일이다.

하나님의 진노와 자비

19 여러분이 말하길….

20

만들어진 것이 만드신 분에게 '왜 나를 이렇게 만들었습니까?'라고 할 수 있습니까?

21 토기장이에게 같은 진흙으로 하나는 귀하게 쓸 그릇을, 하나는 천하게 쓸 그릇을 만들 권리가 없습니까?

22 그처럼 하나님이 멸망시키려다가 오래 참고 용서하시던 진노의 그릇들에게 분노로 자신의 능력을 드러내시거나

23 또 영광을 받게 하려던 자비의 그릇들에게 그분의 풍성하신 영광을 알게 하시거나 뭐 어떻다는 말입니까?

24 하나님이 자비의 그릇을 부르셨는데, 유대인 중에서뿐만 아니라 이방인 중에서도 부르셨습니다.

25 하나님은 호세아의 글에서도

26

※글에서 : Link 호세아 2:23

※너희는~ : 유대인들을 가리킨다. Link 호세아 1:10

※그곳 : 불순종으로 이스라엘이 멸망한 곳, 즉 유대 땅을 가리킨다.

27 또 이사야가 이스라엘을 위해 외치길

※이사야(Isaiah) : 앗시리아에 의해 포로로 끌려갔던 유대인 중에 일부만 이스라엘 땅으로 돌아왔던 사실을 가리킨다. Link 이사야 10:22, 23

29 또 이사야가 이렇게 예언한 것과 같습니다.

※이사야(Isaiah) : 소돔과 고모라는 완전히 멸망했지만 하나님은 이스라엘의 후손은 남겨 두셨다. Link 이사야 1:9

tip 하나님의 주권

하나님의 선하고 의로운 뜻에 따라 선택하신 일을 피조물인 사람이 헤아리는 것은 불가능하고, 토기장이와 그릇의 관계처럼 인간의 구원은 오직 하나님의 선택과 은혜에 달려 있다. 그렇다면 사람의 노력은 필요 없는 것이 아니냐는 질문을 할 수 있다. 그러나 바울은 이에 대한 직접적인 답변을 주기보다, 사람의 바른 태도는 순종과 헌신임을 강조하며, 하나님의 주권은 어떠한 구속도 받지 않는 무한한 자유에 기반함을 밝히고 있다. 또 하나님은 모두가 죄인인 상태에서 멸망할 수밖에 없는 자들 중에서 일부를 구원하신 것이며, 멸망당하는 자는 하나님이 버리셨기 때문이 아니라 그의 본래 죗값으로 인해 멸망하는 것이다.

이스라엘의 불신앙

30 그러면 우리가 무슨 말을 하겠습니까? 의를 따르지 않은 이방인들이 의를 얻었으니 그것은 믿음에서 난 의입니다.

※기록 : Link 이사야 8:14, 28:16 ※바위 : 예수 그리스도 Link 누가복음 20:17 Link 고린도전서 1:18, 23
※시온(Zion) : 예루살렘, 즉 이스라엘 사람들을 의미한다.

10장

※하나님의 의 : 사람이 그리스도를 믿으면 하나님이 그를 의롭다고 인정해 주시는 것을 가리킨다.

※끝내시고 : 율법의 목적은 의를 이루는 것이지만 불가능하다. 그러나 의를 이루는 유일한 길이 오셨음으로 율법의 시대는 끝났다.

※기록 : Link 레위기 18:5

※말하길: Link 신명기 30:12

※하나님의~: Link 신명기 30:14

※믿음의 말씀: 믿음을 요구하는 말씀, 즉 복음을 가리킨다.

※나의 주: Link 마태복음 10:32 Link 마가복음 8:28 Link 누가복음 12:8

※성경: Link 이사야 28:16

※누구든지~: Link 요엘 2:32

로마서

15 또 주께서 보내지 않았다면 우리가 어떻게 복음을 전하겠습니까?

성경의 기록에는 '아름답구나. 복음을 전하는 이들의 발걸음이
여'라고 했습니다.

※기록 : 바벨론에서 포로 생활을 하던 유대인들에게 해방을 전하는 소식이다.
Link 이사야52:7

16 그러나 모두가 복음에 순종한 것은 아니니, 이사야는 '주여, 우
리가 전하는 것을 누가 믿었습니까?'라고 했습니다.

※모두 : 유대인들을 가리킨다.
※이사야(Isaiah) : Link 이사야53:1

17 그러므로 믿음은 듣는 데서 생기고, 듣는
것은 그리스도를 전하는 말씀에서 비롯
됩니다.

18 그러면 이스라엘은 듣지 못했습니까? 아니오. 성경에 '그들의 목소리가 온 땅에 퍼지
고, 그들의 말이 땅끝까지 퍼졌다' 했습니다.

※성경 : Link 시편19:4

19 그러면 이스라엘은 깨닫지 못했습니까? 아니오. 하나님은 모세
를 통해 말씀하셨습니다.

**내가 내 백성이 아닌 자들로 너희가 질투하게 하고,
어리석은 백성들로 너희를 화나게 하겠다!**

20 또 이사야는 더욱 담대하게 말했습니다.

**나를 찾지 않는 자들을 내가 만나고,
나를 구하지 않는 자들에게 내가 나타나겠다!**

※말씀 : Link 신명기32:21
※어리석은 : 하나님을 모르는 사람이라는 뜻이다.

※이사야(Isaiah) : Link 이사야65:1

21 그러나 이스라엘에게는 이렇게 말씀하셨습니다.

※말씀: Link 이사야 65:2

tip 이스라엘의 구원을 위해

사람은 율법의 요구를 완전히 이룰 수 없다. 그럼에도 이스라엘은 율법의 의를 좇았으나, 결국 율법이 요구하는 데까지는 이르지 못했다. 유대교는 사람이 율법을 성취하고, 그 공로로 하나님으로부터 죄를 용서받고, 구원을 얻을 수 있다고 보았다. 그러나 율법의 한계로 인해 하나님은 새로운 약속을 하셨고, Link 예레미야 33:31~33 오순절의 성령을 보내어 그 약속을 이루셨다. Link 요엘 2:28 그러므로 이제 그리스도의 죽음과 부활로 모든 율법의 요구가 이루어졌으며, 그것을 믿는 믿음으로 의로움을 얻어 구원받을 수 있는 길이 열렸다. 하지만 여전히 불순종하는 이스라엘을 보며, 바울은 그들이 하나님의 손길을 붙잡길 소원하고 있다.

11장 이스라엘의 남은 자들

1 그러면 하나님이 자기 백성을 버리신 것입니까? 그렇지 않습니다. 나도 이스라엘 사람이요, 아브라함의 후손이요, 베냐민 지파입니다.

2 하나님은 전에 선택하신 자기 백성을 버리지 않으셨습니다. 성경이 엘리야를 두고 말한 것을 알지 못합니까?

※오래 참으시는: Link 요엘 2:13

3 그는 이스라엘을 하나님께 고발했습니다.

※고발: 당시 엘리야는 타락하고 부패한 이스라엘을 하나님께 고발했다. Link 열왕기상 19:14

4 그때 하나님의 대답이 무엇입니까?

※대답: Link 열왕기상 19:18

5 이와 같이 지금도 은혜로 선택받은 사람들이 남아 있습니다.

6 그것은 은혜로 받은 것이며 그들의 행위로 받은 것이 아닙니다. 그렇지 않으면 은혜는 은혜가 아닙니다.

7 결국 이스라엘은 찾던 것을 얻지 못하고 고집스러워졌으며, 선택받은 자들은 그것을 얻었습니다.

8 그들은 오늘날까지도 그러한데 이는 성경에 기록한 바와 같습니다.

※성경: Link 신명기 29:4 Link 이사야 29:10

로마서

9 다윗도 말했습니다.

그들의 밥상이 올가미와 덫이 되고,
걸려 넘어져서 멸망하게 하시고,
그들의 눈이 흐려져서
보지 못하게 하시고, 그들의 등이
언제나 굽어 있게 해 주십시오!

11 그러면 이스라엘이 넘어져서 완전히 망했습니까? 그렇지 않습니다. 그들이 넘어져서 구원이 이방인에게 이르렀는데 그것으로 이스라엘이 질투하게 하신 것입니다.

12 이스라엘이 죄로 넘어진 것과 실패가 온 세상과 이방인의 축복이 되었는데, 이스라엘 전체가 바로 선다면 그 복이 얼마나 더 풍성하겠습니까?

※그들의~: Link 시편 69:22, 23
※밥상: 그리스도를 의미한다.

tip 그들의 밥상

밥상 위의 음식은 생존에 필수적인 요소다. 이 밥상은 단순한 밥상이 아니라 유대인을 위해 베풀어진 생명의 밥상, 즉 구원을 의미한다. 그리고 좀 더 확장하면 '생명의 떡'인 예수 그리스도를 의미한다. Link 요한복음 6:35, 58 Link 고린도전서 10:16 그러나 유대인들은 자신들에게 베풀어진 이 구원의 밥상을 거부하고 받아들이지 않았다. 그 결과 그들에게 베풀어진 생명과 구원의 밥상인 예수 그리스도가 오히려 그들에게 올가미가 되고, 덫이 되었다.

이방인의 구원

13 이방인에게 말합니다. 나는 이방인을 위한 사도로서 내가 맡은 직분을 영광스럽게 생각합니다.

14 나는 어떻게든 내 동족에게 질투심을 일으켜서 그들 중에 몇 사람만이라도 구원하고 싶습니다.

15 그들이 버려진 것으로 하나님과 세상이 화해를 이루었다면,

그들을 받아들이는 것은 죽은 자가 다시 살아난 것과 같은 게 아니겠습니까?

16 처음 익은 곡식이 거룩하면 떡도 거룩하고, 뿌리가 거룩하면 가지도 거룩합니다.

※곡식, 뿌리: 아브라함이나 야곱 등 믿음의 조상들을 가리킨다.

17 또 참올리브 나뭇가지를 잘라 내고 그 자리에 야생 올리브 나뭇가지인 여러
분을 접붙이면, 참올리브 나무뿌리의 양분을 받는 것이니 본래의 가지들에게
우쭐대지 말아야 합니다.

여러분이 우쭐댈지라도, 여러분이 뿌리를 지탱하
는 것이 아니라, 뿌리가 여러분을 지탱한다는 것을
알아야 합니다.

※뿌리: 아브라함이나 야곱 등 하나님이 언약을 맺은 이스라엘의
조상을 가리킨다.

19 그러면 여러분은 '본래의 가지를 자른 것
은 그 자리에 우리를 접붙이려는 것이다'
라고 말할지 모릅니다.

20 옳습니다. 그들은 믿지 않아서 꺾였고, 여
러분은 믿음으로 그 자리를 대신했으니
교만하지 말고 두려워하십시오.

21 하나님이 본래의 가지인 그들을 아끼지
않으셨다면, 이방인도 아끼지 않으실 것
입니다.

22 그러므로 하나님의 자비와 엄하심을 보라. 하나님은 넘어진 자
들에게는 엄하시지만 하나님의 은혜에 있으면 자비를 베푸실
것입니다.

23 그러나 믿지 않아서 잘려나간 가지가 믿게 되면 그 가지도 접붙
임을 받게 될 텐데, 하나님은 그렇게 하실 능력이 있으십니다.

24 야생 올리브나무인 여러분도 본성을 거슬러 참올리브나무에 접붙여졌는데, 본
래의 가지인 그들을 참올리브나무에 접붙이는 것은 얼마나 쉽겠습니까?

이스라엘의 구원

25 형제들이여, 나는 여러분이 이 비밀을 알고 스
스로 현명하다고 생각하지 않길 바랍니다.

로마서

※다 찰 때: 모든 민족에게 복음이 전해지는 때를 의미한다. Link 마태복음 24:14 Link 마가복음 13:10
※온 이스라엘: 모든 유대인을 가리키는 것이 아니라 유대인 중에 많은 사람을 의미한다.
※기록: Link 이사야 27:9, 59:20, 21 Link 예레미야 31:31
※시온(Zion): 예루살렘을 가리킨다.

※누가~: Link 이사야40:13 Link 욥기41:11

tip 조상들 덕분에

복음의 관점에서 보면 유대인은 이방인을 위해 하나님의 원수가 되었지만, 그들의 조상들 덕분에 하나님의 사랑을 받아왔다. 이는 조상들의 의로운 행위가 후손들에게 영향을 끼친 것이 아니라 하나님이 그들의 조상들과 맺은 언약 때문이었다. 하나님은 언제나 신실하시므로 그들의 후손들에게도 조상들과 맺은 언약을 이어 가시며, 후손들의 불순종으로도 하나님의 언약은 폐기되지 않는다. 한편 구약에서 하나님이 후회하시는 듯한 장면이 있는데 그것은 하나님이 그 결정을 후회하시는 것이 아니라 상대에 대해 유감을 나타내신 것이다.

Link 창세기6:6 Link 사무엘상15:11

12장 그리스도인의 삶

※이 세대: 악한 세대, 그리스도의 적대 세력과 그들의 삶의 방식과 가치관 등을 가리킨다.

※지체: 팔, 다리, 눈, 코 등 몸의 한 부분을 의미한다.

※은혜: 바울의 사도직과 그가 받은 모든 은혜를 포함한다.

※믿음: 자신이 받은 영적 능력을 가리킨다.

※자랑: Link 에베소서 2:8,9

※열정: 성령의 감동으로 열정을 가지라는 뜻이다.

※말씀: Link 마태복음 5:44 Link 누가복음 6:28

※금지: Link 마태복음 5:39

18 여러분이 할 수 있는 만큼 모든 사람과 더
불어 화목하게 지내십시오.

19 사랑하는 자들이여, 여러분은 직접 원수를
갚지 말고 하나님의 진노에 맡기십시오.

성경에 이렇게 기록되어 있습니다.

※기록 : Link 신명기 32:35

20 그러므로 네 원수가 굶주리거든 먹을 것을 주고, 목마르거든 마실 것을 주시
오. 그렇게 하는 것은 네가 그의 머리 위에 숯불을 쌓는 것과 같습니다.

21 악에게 지지 말고, 선함으로 악을 이기십시오.

※네 원수가~ : Link 잠언 25:21, 22

※숯불 : 원수가 베푸는 은혜로 인해 회개와 부끄러움와 양심의 가책으로 느끼는 고통을 의미한다.

tip 나그네를 대접하기

당시 로마 제국은 식민지에 대한 과도한 세금과 착취로 일부 귀족을 제외한 대부분은 경제적 어려움에 처해 있었다. 이집트에서 나그네로 지냈던 유대인들은 과거 역사에 비추어 나그네 대접을 미덕으로 여겼으며, 초대교회에 대한 심한 박해로 떠돌아다니면서 나그네 생활을 하는 그리스도인도 많았다. 바울과 그의 동료들도 여행을 하면서 많은 도움을 받았고, 그리스도인들은 한 가족이면서 모두 나그네이므로 서로 돕고, 협력했다.

13장 권력자에게 복종하라

1 각자는 위에 있는 권력에 복종하십시오.

모든 권력은 하나님으로부터 온 것이며,
이미 있는 권력도 하나님께서 세워주신
것입니다.

※권력 : 국가의 정치적 권력, 통치자, 즉 로마의 권력을 가리킨다.

2 그러므로 권력을 거역하는 자는 하나님의 명을 거역하는 것이
요, 거역하는 자들은 심판을 받을 것입니다.

3 통치자들은 선한 일을 하는 자에게는 두려울 것이 없고, 악한 일
을 하는 자에게만 두려움이 됩니다.

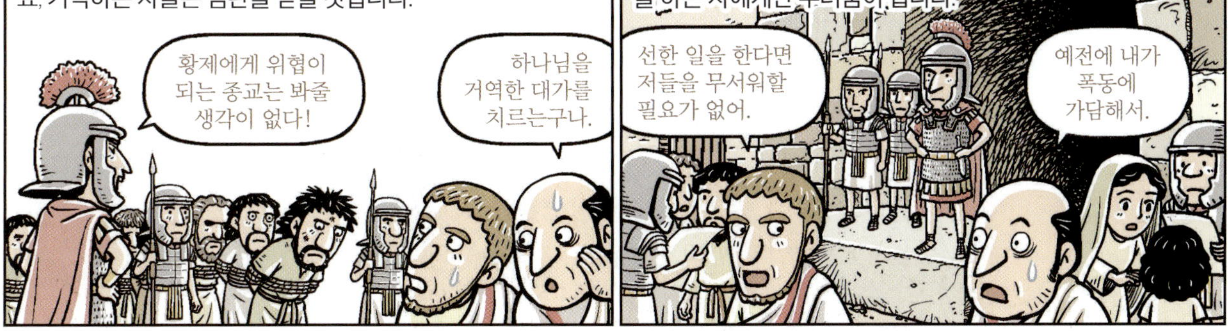

※선한 일 : 바울은 통치자들이 선한 일을 해야 한다는 전제를 말하고 있다.
※악한 일 : 세속적인 의미의 악, 즉 실정법 위반을 의미한다.

※칼 : 하나님에게 받은 권력을 상징하며, 하나님의 뜻에 맞게 사용되어야 한다.

※말씀 : 황제의 것은 황제에게, 하나님의 것은 하나님께 드려라. Link 마태복음 22:21

tip 권력에 복종하라

바울은 모든 권력자는 하나님의 뜻을 이루는 일꾼이므로 복종하라고 했다. 그러나 권력자가 하나님의 선한 뜻을 따르지 않는다면 어떻게 해야 할까? 권력에 복종하라는 것이 시간과 공간과 조건을 초월해서 적용된다면, 그것은 하나님의 공의와 정의에 반하는 독재나 폭압적인 행위를 정당화하는 구실이 될 수 있다. 그러므로 어떠한 권력도 하나님이 부여하신 범위 안[3절, 4절]에서만 복종을 요구할 수 있고, 그리스도인 역시 그 범위 안에서만 복종의 의무를 질 뿐이다. 만약 권력이 그 범위를 벗어나 하나님의 선한 뜻을 거스른다면 그리스도인은 마땅히 저항해야 한다. Link 사도행전 4:19, 5:29

한편, 바울이 이 말을 한 이유를 살펴보면, ①법치주의에 근거한 로마의 권력이 바울의 선교에 도움이 되었던 경험이 있다. ②출애굽 당시 이집트 왕 '바로' 또한 하나님이 세우셨다는 것이 구약의 증거이고 바울의 믿음이었다. Link 로마서 9:17 ③전통적으로 유대인들은 로마를 침략자로 여기며, 독립을 원했으며, 로마에 적대적이었다. 그 결과 로마인들은 그리스도교를 유대교의 한 분파로 생각하며 경계했다. 이에 바울은 로마 권력에 복종할 것을 가르쳐 불필요한 경계와 오해를 불식시킬 필요가 있었다. ④일부 그리스도인은 자신이 하나님나라의 백성이고 자신의 왕은 그리스도라는 자만심에 빠져 세상의 권력을 인정하지 않고 무시하기도 했다. 이것은 신앙적으로도 문제일 뿐 아니라 로마인과의 관계에서도 좋지 않은 결과를 가져올 수 있었다.

사랑은 율법의 완성

※완성 : Link 마태복음 5:17

※말씀 : Link 레위기 19:18 Link 마태복음 22:39 Link 마가복음 12:31 Link 누가복음 10:27 Link 갈라디아서 5:14

10 사랑은 이웃에게 해를 입히지 않습니다. 그러므로 사랑은 율법의 완성입니다.

구원의 때가 가깝다

11 여러분은 지금이 어느 때인지 알 것이니, 이제 잠에서 깨어날 때가 되었습니다.

지금은 우리의 구원이 우리가 처음 믿을 때보다 더 가까워졌기 때문입니다.

※하나님만: Link 마태복음 24:36 Link 마가복음 13:32

12 밤이 깊고, 아침이 가까이 왔으니, 우리는 어둠의 행실을 벗고 빛의 갑옷을 입읍시다.

13 밝은 낮에 있는 것처럼 단정하게 행동하고, 방탕과 술 취함과 음란과 타락과 싸움과 시기에 빠지지 말고,

※밤: 악한 세대가 지배한 현실 세상.
※아침: 하나님의 나라.

14 주 예수 그리스도의 옷을 입고, 욕심을 채우려고 육신의 일을 꾀하지 마십시오.

14장 형제를 비판하지 말라

1 여러분은 믿음이 약한 자를 받아들이되, 그의 생각을 비판하지 마십시오.

※약한 자: 그리스도 안에서의 자유를 충분히 누리지 못하고 율법에서 벗어나지 못한 사람을 가리킨다.
※비판: 공동체 안에서 약한 자들이 열등감이나 소외감을 느끼지 않도록 받아들이고 사랑을 베풀라는 말이다.

2 자기의 믿음에 따라 모든 음식을 먹는 사람도 있지만, 믿음이 약해서 채소만 먹는 사람도 있습니다.

3 각자 먹지 않는 자를 업신여기지도, 먹는 자를 비판하지도 마십시오. 하나님은 그들도 받아들이셨습니다.

4 누가 남의 종을 비판할 수 있습니까? 그가 서 있든 넘어지든 그것은 그 주인이 상관할 일입니다.

로마서

※주님을 위해 : Link 마태복음 10:39 Link 빌립보서 1:20, 21

※기록 : Link 이사야 45:23, 49:18

tip 자기만을 위해 살고, 죽고

자기를 위해 산다는 것은 세상에서 자신의 욕심을 따라 사는 것을 말한다. 그러나 그리스도인의 삶은 자신의 이익을 위해서 사는 세상 사람들과는 반대되는 삶이다. 그리스도께서 값을 치르고 그들의 삶을 사셨으므로, 그들은 자신의 이익이 아니라 그리스도의 종으로서 하나님의 영광을 위해 살아야 한다. 또 그리스도인은 죽음도 자신의 것이 아니라 주님의 손에 맡겨진 것이다. 바울은 그리스도의 말씀에 따라 살았고, Link 마태복음 10:39 '나의 삶이 곧 그리스도이니 죽는 것도 유익하다'고 했다. Link 빌립보서 1:21 그는 스스로 모범을 보이면서 로마 교회 성도들에게 그리스도인의 삶의 원리를 권하고 있다.

형제를 넘어지게 하지 말라

13 그러므로 이제부터는 서로 비판하지 말고, 형제 앞에 장애물이
나 걸림돌을 놓지 않았는지 주의하십시오.

14 내가 주 예수 안에서 확신하는 것은, 무엇이든 그 자체로 부정한
음식은 없고, 다만 부정하다고 여기는 그 사람에게만 부정한 것
입니다.

※확신: Link 마태복음 15:11 Link 마가복음 7:15 Link 디모데전서 4:4

15 만약 음식 때문에 형제의 마음이 상했다
면, 그것은 그대가 사랑을 베풀지 않은 것
입니다.

음식 때문에 형제를 망하게 하지 마십시
오. 그리스도께서는 그를 위해 죽으셨습
니다.

16 그러므로 여러분이 옳다고 여기는 일이 오
히려 비난거리가 되지 않도록 하십시오.

17 하나님의 나라는 먹고 마시는 일이 아니
라, 성령 안에서 누리는 의와 평화와 기쁨
이 중요하기 때문입니다.

18 그렇게 그리스도를 섬기는 자들은 하나
님을 기쁘게 해 드리고 사람들에게도 인
정을 받습니다.

19 그러므로 우리는 서로 화목하게 지내고,
덕을 세우는 데 힘을 씁시다.

20 음식 때문에 하나님의 일을 망치지 않도록 합시다. 모든 음식은
다 깨끗하지만 음식을 먹어서 형제를 넘어지게 한다면 그것은
해롭습니다.

21 약한 형제를 위해 고기를 먹지 않든가, 포도주를 마시지 않든가,
그 밖에 무엇이든지 형제를 넘어지게 하지 않는 것은 훌륭합니다.

22 그대의 믿음은 하나님 앞에서 간직하고 있으면 됩니다. 자기가 옳다고 여기는 일을 하면서 하나님께 죄를 짓지 않는 자는 복이 있습니다.

23 그러나 약한 자가 의심하며 먹는다면 그것은 믿음을 따라 먹는 것이 아니기 때문에 죄가 됩니다. 대체로 믿음을 따르지 않는 것은 다 죄입니다.

※믿음: 구약의 율법에서 자유롭다는 그리스도인의 내적 자유에 대한 확신을 의미한다.

tip 연약한 형제

연약한 형제는 그리스도인으로서 어떻게 살아야 할지 모르거나 안다고 하더라도 제대로 실천하지 못하는 사람을 가리킨다. 또한 무엇을 먹어야 하고, 어떤 날을 예배일로 지켜야 되는지에 대해 율법과 유대적 전통을 지나치게 엄격하게 지키는 자들이기도 하다. 이는 그들의 믿음이 그리스도 안에서 누려야 할 자유를 깨달을 만큼 충분히 강하지 못함을 의미한다. 이에 바울은 그들이 상처받고 소외되어 믿음에서 떠나지 않도록 사랑으로 대하길 요구한다. 이는 비록 연약한 자라 할지라도 주께서는 그를 구원하기 위해 죽기까지 하셨기 때문이다.

15장 선을 이루고 덕을 세우라

1 믿음이 강한 우리는 마땅히 믿음이 약한 자의 약점을 돌보아야 하지만 우리가 좋을 대로만 해서는 안 됩니다.

2 우리는 각자가 자기 이웃을 기쁘게 하여 선을 이루고 덕을 세워야 합니다.

3 그리스도께서도 자기가 좋을 대로만 하지 않으셨습니다.

※뜻대로: Link 요한복음 8:29

성경에 기록하기를 '주를 비난하는 자들의 비난이 내게 돌아왔다' 한 것과 같습니다.

※기록: Link 시편 69:9

4 이전에 기록된 모든 것은 우리에게 교훈을 주며, 성경이 주는 인내와 위로는 우리에게 소망을 가지게 합니다.

※소망: 성경을 통해 영원한 생명을 얻을 수 있다는 소망을 말한다. Link 요한복음 5:39

5 인내와 위로를 주시는 하나님이 여러분에게 그리스도 예수를 본받아 같은 뜻을 품게 하시고, 한 마음과 한 입으로 하나님, 곧 우리 주 예수 그리스도의 아버지께 영광을 돌리게 하시기를 빕니다.

7 그러므로 그리스도께서도 하나님께 영광을 돌리려고 우리를 받아들이신 것과 같이 여러분도 서로 받아들이십시오.

8 그리스도께서는 하나님의 진실하심을 위해 할례를 받은 자들의 종이 되셨으니, 그것은 하나님이 조상들에게 하신 약속들을 확증하시고,

※계약 : 하나님이 아브라함과 맺은 할례의 계약을 가리킨다. Link 창세기 17:10
※약속들 : Link 창세기 12:1~3

9 이방인들에게도 자비를 베풀어 그들이 하나님께 영광을 돌리게 하려는 것입니다.

성경에 기록하기를 '그러므로 내가 이방인 중에서 주께 감사드리고, 주의 이름을 찬양합니다' 한 것과 같습니다.

※기록 : Link 시편 18:49

10 또 '이방인들아, 주의 백성과 함께 즐거워하라' 하였으며,

※이방인들아~ : Link 신명기 32:43

11 또 '모든 이방인들아, 주를 찬양하라. 모든 백성들아, 주를 찬양하라' 하였습니다.

※모든~ : Link 시편 117:1
※백성들 : 이스라엘 백성들을 가리킨다.

12 그리고 이사야가 말하기를

※이사야 : Link 이사야 11:10
※이새(Jesse) : 다윗의 아버지.

13 소망을 주시는 하나님이 믿음 안에서 여러분에게 모든 기쁨과 평화를 충만하
게 주셔서, 성령의 능력으로 여러분에게 소망이 넘치게 하시기를 바랍니다.

tip 진실하심을 위해

그리스도께서는 유대인으로 태어나시고, 직접 할례를 받으심으로, 하나님과 유대인의 계약인 할례의 법에 순종하셨으며, 하나님이 유대인의 조상들과 맺은 언약을 이루기 위한 종이 되셨다. 바울은 이와 같이 그리스도께서 오신 것은 하나님의 진실하심을 증명하기 위함이라고 했다. 즉 하나님이 과거에 이스라엘 조상들에게 메시아를 보내겠다고 약속하신 대로 그리스도께서 오셔서 그 언약을 이루었고, 그로 인해 유대인들의 배신과 죄악에도 불구하고 어김없이 약속을 지키시는 하나님의 진실하심이 입증되었다는 것이다.

이방인을 위한 사도

14 내 형제들이여, 나는 여러분에게 선함이 가득하고,
지혜가 넘쳐서 서로 가르칠 수 있다고 확신합니다.

※선함: 그리스도인으로서의 너그러운 인격과 도덕적 성숙함을 의미한다.
※지혜: 하나님의 언약과 구원 계획에 대한 지식과 이해를 의미한다.

15 그러나 내가 하나님이 주신 은혜에 힘입어 어떤 부분을 더욱 담대하게 쓴
것은 여러분에게 상기시키고 싶은 것이 있기 때문입니다.

※은혜: 하나님의 복음을 전하기 위해 이방인의 사도로 세워진 것을 가리킨다.
※어떤 부분: 바울이 로마서에서 다른 서신보다 좀 더 담대하게 썼다고 생각하는 구절.

16 그 은혜는, 나를 이방인을 위한 그리스도 예수의 일꾼으로 삼아 하나님의
복음을 전하는 제사장의 직무를 맡기시고,

이방인을 성령으로 거룩하게 해서 하나
님이 기쁘게 받으실 제물이 되게 하시려
는 것입니다.

17 그러므로 나는 그리스도 예수 안에서
하나님을 섬기는 일을 자랑스럽게 생
각합니다.

18 나는 그리스도께서 나를 통해 이방인들을 순
종하게 하신 것 외에는 어떤 것도 말하지 않
겠습니다.

※주님 안에서: Link 고린도전서 1:31 Link 고린도후서 10:17

그것은 말과 행동과 놀라운 기적과 성령의 능력으로 이루어졌습니다.
그래서 나는 예루살렘에서부터 일루리곤까지 두루 다니면서 그리스도의 복음을 힘껏 전했습니다.
20 또 난 힘써 복음을 전했지만 그리스도의 이름이 알려지지 않은 곳에서 전했는데 이는 남의 터 위에 집을 짓지 않으려는 것이었습니다.
21 성경에 기록한 바, '주의 소식을 알지 못했던 자들이 볼 것이요, 듣지 못했던 자들이 깨닫게 될 것이다' 한 것과 같습니다.

※일루리곤(Illyricum): 마케도니아 지방의 서쪽에 위치한 로마의 영토로 바울은 3차 전도 여행 중 다녀온 것으로 추정한다. Link 사도행전 20:2

※기록: Link 이사야 52:15

tip 예루살렘에서부터

바울은 다마스쿠스에서 이방인의 사도로 사명을 받았고, 3차에 걸친 전도 여행도 모두 안디옥에서 출발했다. 그런데 그는 예루살렘에서 사역을 시작했다고 말한다. 그것은 복음의 출발점과 중심이 예루살렘이기 때문에 그렇게 표현한 것으로 보인다. 그리스도께서는 예루살렘에서 시작해서 땅끝까지 복음이 전해질 것이라고 하셨다. Link 사도행전 1:8 바울은 셀 수 없이 많은 장소와 고난과 결과를 생략하고, '예루살렘에서부터 일루리곤까지'라는 말로 대신하고 있다.

로마 방문 계획

22 그래서 내가 여러분에게 가려고 했지만 여러 번 길이 막혔습니다.
23 이젠 이곳에서는 더 이상 할 일이 없고,

여러 해 전부터 서바나로 갈 때 여러분에게 갈 수 있길 원했습니다.
24 이는 지나는 길에 여러분을 보고 잠시라도 기쁨을 나눈 후에 여러분의 후원으로 그곳으로 갈 수 있길 바랍니다.
25 그러나 나는 지금 성도들을 돕는 일로 예루살렘에 갑니다.

※서바나(Spain): 오늘날의 스페인으로 당시엔 로마의 영토로 서쪽 땅끝이라고 생각했다.

※도움을: Link 사도행전 13:1, 14:26, 15:40

※아가야(Achaia): 고린도와 아덴이 있던 그리스 남쪽 지방을 가리킨다.

※기쁘게: 바울은 예루살렘 교회 내에서 여전히 이방인에게 적대적인 자들을 걱정하고 있다.

※기쁘게: Link 사도행전 21:17

tip 헌금을 확인시키다

바울은 이방 교회의 헌금을 다른 사람을 통해 보낼 수도 있었다. 하지만 그는 염원하던 로마행을 미루고, 생명의 위협까지 감수하면서 예루살렘으로 향한다. Link 사도행전 21:13 그는 그리스도교의 중심지인 예루살렘 교회에 이방 사역을 알림으로써 하나님의 말씀이 성취되었음을 증명하고, Link 이사야 11:1, 42:1, 60:3 Link 사도행전 1:8 예루살렘 교회가 이방인에게 복음을 전한 결과로 나타난 열매인 헌금을 전달함으로써, 이방 사역의 성과로 나타난 그들의 감사와 그들이 받은 축복을 확인받고자 했다.

16장 개인적인 인사

1 나는 겐그레아 교회의 일꾼이요 우리의 자매인 뵈뵈를 여러분에게 추천합니다.

2 여러분은 주 안에서 정중하게 그녀를 맞이해 주시고, 무엇이든지 필요로 하는 것을 도와주시기 바랍니다.

3 여러분은 그리스도 예수 안에서 나의 동역자인 브리스가와 아굴라에게 안부를 전해 주십시오.

※겐그레아(Cenchrea): 고린도 남동쪽 약 10㎞ 지점에 있는 항구 도시.

※만났고: Link 사도행전 18:2

4 그들은 내 생명을 위해 자기들 목숨도 내놓았으며, 나뿐만 아니라 모든 이방인 교회도 그들에게 감사하고 있습니다.

5 또 그들의 로마 집에서 모이는 교회와 나의 사랑하는 에배네도에게 안부 전해 주십시오.

※에배네도(Epenetus): 바울의 3차 전도 여행 중 에베소와 아시아 지방에서 얻은 최초의 이방인 성도로 보인다.

6 여러분을 위해 많은 수고를 한 마리아에게 안부 전해 주십시오.

7 나의 친척이며 나와 함께 감옥에 갇혔던 안드로니고와 유니아에게 안부 전해 주십시오.

그들은 사도들에게 인정받은 사람들입니다.

※마리아(Mary): 더 이상 알려진 것은 없다.

※친척: 혈육이라는 의미가 아니라 유대인 중에서 긴밀한 사이라는 뜻이다.

※사도들: 12사도가 아니라 일반적인 교회 지도자를 가리킨다.

8 주 안에서 내가 사랑하는 암블리아에게 안부 전해 주십시오.

9 그리스도 안에서 우리의 동역자인 우르바노와 내가 사랑하는 친구 스다구에게 안부 전해 주십시오.

10 그리스도 안에서 인정을 받는 아벨레와 아리스도불로 집안에 속한 사람들에게 안부 전해 주십시오.

※암블리아(Ampliatus): 더 이상 알려진 것은 없다.

※아리스도불로(Aristobulus): 헤롯 왕의 손자이자 아그립바 왕의 형제로 그가 죽은 후 모든 건 황제의 집안으로 귀속되었다.

11 나의 친척인 헤로디온과 주 안에 있는 나
깃수의 집안에 속한 사람들에게 안부 전
해 주십시오.

12 주 안에서 수고한 드루배나와 드루보사와
사랑하는 버시에게 안부 전해 주십시오.

13 주 안에서 선택받은 루포와 그의 어머니
에게 안부 전해 주십시오. 그의 어머니는
곧 내 어머니이기도 합니다.

※나깃수(Narcissus): 황제 티베리우스의 노예였다가 자유민이 되어 권력을 휘두르다가 사형되고, 그의 모든 건 황제의 집안으로 귀속되었다.

※루포(Rufus): 골고다에서 예수님의 십자가를 대신 진 구레네 사람 시몬의 아들이다. Link 마가복음 15:21

14 아순그리도와 블레곤과 허메와 바드로바와 허마와 그들과 함
께 있는 성도들에게 안부 전해 주십시오.

15 빌롤로고와 율리아와 네레오와 그의 자매와 올름바와 그들과
함께 있는 모든 성도에게 안부 전해 주십시오.

16 거룩한 입맞춤으로 서로 인사를 전하십시오. 그리스도의 모든
교회가 여러분에게 안부 전합니다.

마지막 권고

17 형제들이여, 여러분에게 권합니다. 여러분이 배운 교훈을 거슬
러 분쟁을 일으키고, 덫을 놓는 자들을 주의하고 멀리하십시오.

18 이런 자들은 우리 주 그리스도를 섬기는 것이 아니라, 자기 욕망
을 섬기며, 교활한 말과 아첨으로 순진한 자들을 속입니다.

19 여러분의 순종에 대한 소문이 자자하니 나도 기쁘고, 여러분이
선한 일에는 지혜롭고, 악한 일에는 순결하기를 바랍니다.

20 평화의 하나님이 곧 사탄을 여러분의 발밑에 짓밟히게 하실 것입니다. 우리 주 예수의 은혜가 여러분에게 있기를 빕니다.

tip 덫을 놓는 자

바울은 마지막으로 로마 교회 안에서 복음을 거슬러 분쟁을 일으키는 거짓 선생들에 대하여 경고한다. 그들은 거짓된 복음으로 성도들을 속여 복음의 진리에서 벗어나게 하고, 하나가 된 교회를 분열시킬 뿐만 아니라 결국 자신들이 가르치는 거짓된 복음을 따르게 하여 성도들의 영혼을 타락으로 이끄는 자들이다. 또한 그들은 유대적 전통과 율법을 추종하면서 사도들에게 대적하고 교회를 어지럽히며 복음의 진리를 왜곡하는 자들이다. 당시 초대교회 안에는 항상 이런 율법주의자들이 문제가 되었다.

문안과 찬양

21 나의 동역자 디모데와 나의 친척 루기오와 야손과 소시바더가 여러분에게 안부 전합니다.

22 이 편지를 받아쓰는 나 더디오도 주 안에서 여러분에게 안부 전합니다.

※디모데(Timothy) : 디모데전,후서의 수신자로 바울은 '나의 사랑하는 아들'로 표현했다. Link 고린도전서 4:17 Link 디모데후서 1:2

※봤지 : Link 사도행전 17:5, 20:4

23 나와 온 교회를 보살펴 주는 가이오와 이 도시의 재무관 에라스도와 형제 구아도도 여러분에게 안부 전합니다.

25 내가 전하는 복음과 예수 그리스도는, 창세 전부터 감추어졌다가 이제 나타난 것으로, 영원하신 하나님의 명령을 따라 예언자들의 글을 통해 모든 민족이 믿고 순종하게 하시려는 그 비밀의 계시에 따른 것입니다. 이 복음으로 여러분을 튼튼하게 세워주실 지혜로우신 하나님에게 예수 그리스도를 통한 영광이 영원하길 빕니다. 아멘.

※가이오(Gaius) : '디도 유스도'와 같은 인물로 추정하고, Link 사도행전 18:7 고린도에서 바울에게 세례를 받은 자다. Link 고린도전서 1:14]

참고 도서 및 자료 목록

《관주, 해설 성경전서 개역개정판》, 대한성서공회, 2004
《ESV 스터디 바이블》, 크로스웨이 ESV 스터이 바이블 편찬팀, 부흥과개혁사, 2014
《히브리어, 헬라어, 원문 번역주석 성경 신약》, 고영민, 쿰란, 2015
《메시지 신약》, 유진 피터슨, 복 있는 사람, 2011
《신약 성경 연구》, 성종현, 장로회신학대학교출판부, 1994
《이원희 목사와 함께 떠나는 성지행전 신약》, 이원희, 평단문화사, 2012
《통박사 조병호의 신구약 중간사》, 조병호, 통독원, 2012
《성경 파노라마》. 테리 홀, 규장, 2008
《공관복음서 이해》, 키트 F. 니클, 대한기독교출판사, 1984
《공관복음서 연구》, E.P. 샌더스, M. 데이비스, 대한기독교서회, 1999
《복음서와 사도행전》, 데이빗 웬함, 스티브 월튼, 성서유니온, 2013
《예수만나 사복음서편》, 유철운, 예수만나, 2005
《모든 사람을 위한 마태복음 1, 2》, 톰 라이트, IVP, 2010
《모든 사람을 위한 마가복음》, 톰 라이트, IVP, 2011
《틴데일 성경 주석 시리즈 1 마태복음》, R.T.프랜스, CLC, 2013
《히브리적 관점으로 다시 보는 마태복음 1, 2》, 장재일, 쿰란, 2011
《NIV 적용 주석 마태복음》, 마이클 윌킨스, 솔로몬, 2012
《NIV 적용 주석 마가복음》, 데이빗 E. 갤런드, 솔로몬, 2011
《매튜 풀 청교도 성경주석 마가복음·누가복음》, 매튜풀, 크리스챤다이제스트, 2015
《존 라일 사복음서 강해 1 마태복음》, J.C.라일, CLC, 2008
《HOW TO 주석 마태복음 어떻게 설교할 것인가》, 목회와 신학 편집부, 두란노, 2007
《HOW TO 주석 마가복음 어떻게 설교할 것인가》, 목회와 신학 편집부, 두란노, 2007
《가서 제자 삼으라》, 장홍길, 한국성서학연구소, 2009
《줌인 마가복음 1, 2》, 송태근, 성서원, 2015
《구조로 본 마가복음》, 이영재, CLC, 2017
《열린다 성경 난해구절 1》, 류모세, 규장, 2014
《열린다 성경 식물 이야기》, 류모세, 두란노, 2008
《역사 드라마로 읽는 성경 신약 편 1, 2, 3부》, 류모세, 두란노, 2012
《거꾸로 읽는 신약성서》, 차정식, 포이에마, 2015
《예수 그리스도 상, 하》, 윤철호, 한국장로교출판사, 1998
《니고데모의 안경》, 신국원, IVP, 2005
《청년아 때가 찼다》, 김형국, 죠이선교회출판부, 2012
《당신의 열심이 위험한 이유》, 래리 오스본, 새물결플러스, 2013
《존 스토트의 산상수훈》, 존 스토트, 생명의 말씀사, 2011
《사랑한다, 독사의 자식들아》, 김남국, 두란노, 2012
《NEW 호크마주석 신약》, 강병도, 기독지혜사, 2013
《아가페 성서지도》, 미카엘 아비요나, 요하난 아하로니, 아가페출판사, 2010
《아가페·카르타 성서지도》, 요하난 아하로니, 신대현 역, 아가페출판사, 2013
《TBC 성서연구 신약》, 은준관, 도서출판 TBC, 2013

MEMO

"사랑은 오래 참고 온유하며, 시기하지 않으며, 뽐내지 않으며, 교만하지 않으며, 무례하지 않으며,
이기적이지 않으며, 화를 내지 않으며, 악의를 품지 않으며, 불의를 기뻐하지 않으며, 진리와 함께 기뻐하고,
모든 것을 참고, 모든 것을 믿으며, 모든 것을 소망하며, 모든 것을 견딥니다." -고린도전서 13:4~7

MEMO

"하나님을 사랑하고, 그분의 뜻대로 부르심을 받은 자들에게는
모든 것이 협력하여 선을 이루는 과정임을 우리가 압니다." -로마서 8:28